En la línea del tiempo

Poesía reunida

(2001-2024)

Piedra de la Locura

Colección
Homenaje a Alejandra Pizarnik

Homage to Alejandra Pizarnik
Collection
Stone of Madness

Héctor Berenguer

EN LA LÍNEA DEL TIEMPO
POESÍA REUNIDA
(2001-2024)

Prólogo y cronología de Maira D'Antoni

Nueva York Poetry Press LLC
128 Madison Avenue, Office 2NR
New York, NY 10016, USA
Telephone: +1(929)354-7778
nuevayork.poetrypress@gmail.com
www.nuevayorkpoetrypress.com

En la línea del tiempo. Poesía reunida (2001-2024)
© 2025 Héctor Berenguer

ISBN- 978-1-966772-14-9

© Colección *Piedra de la locura vol. 23*
Antologías personales
(Homenaje a Alejandra Pizarnik)

© Prologue:
Maira D'Antoni

Back Cover:
Néstor Fenoglio

© Publisher:
Marisa Russo

© Editor:
Francisco Trejo

© Layout Designers:
Moctezuma Rodríguez

© Graphic Designer:
William Velásquez Vásquez

© Author's photograph
Personal archive

Berenguer, Héctor
En la línea del tiempo. Poesía reunida (2001-2024); 1ª ed. New York: Nueva York Poetry Press, 2025. 386 pp. 6"x 9".

1. Argentina Poetry 2. Latin American Poetry

All rights reserved. No part of this publication may be reproduced, distributed, or transmitted in any form or by any means, including photocopying, recording, or other electronic or mechanical methods, without the prior written permission of the publisher, except in the case of brief quotations emboied in critical reviews and certain other non commercial uses permitted by copyright law. For permissions contact the publisher at: nuevayork.poetrypress@gmail.com.

PRÓLOGO

1. Brevísimas consideraciones acerca del proceso de creación

Convocar, traer a escena, en las líneas inaugurales de este libro, los versos de Héctor Berenguer que rezan "Tal vez la poesía / es quien me crea a mí / y no yo a ella. / Tal vez es ella / quien me invoca / y yo soy su aparición" nos acerca a una de las ideas sustanciales que el poeta tiene respecto de lo que es la poesía. Él ha señalado con frecuencia que ella sucede a pesar de los hombres y que es, precisamente ella, quien nos escribe a nosotros. En este marco, la poesía supone una búsqueda que se orienta hacia la propia poesía. Esta afirmación puede entenderse, en algún punto, por oposición a la idea de que cierto 'hacer poético' actual plantea la creación como una forma de validación o reafirmación de ciertas construcciones identitarias de los individuos, ya sea que estén vinculadas a banderas políticas, espirituales, entre otras. Berenguer llama a esto 'ideologías' y divorcia, precisamente, la creación poética de toda ideología. Él suscita que "hoy el individuo se ha convertido en la forma más alta y la mayor pesadilla de la creación artística. La herida más pequeña o el dolor del ego se examinan bajo un microscopio como si fueran de eterna importancia."

Y continúa: "el artista considera su aislamiento, su subjetividad, su individualismo casi santo."[1]

Si se pone foco en este ejercicio de afirmación, de exacerbación y de sacralización (como lo quiere Berenguer) de la propia identidad, vinculada a ciertos grupos de pertenencia, la mirada del artista queda atrapada en ese afán de pertenecer y con ello, ancla su ojo en lo exterior y atiende a lo que proviene de él. En *Cartas a un joven poeta,* Rilke aconseja a un escritor emergente, que le solicita la evaluación de unos versos propios, que no mire al exterior. Él le señala al joven que suspenda el ejercicio de publicar en diferentes revistas de poesía, comparándose con otros y esperando a ser evaluado, y en su lugar le propone "vuelva usted sobre sí (...). Pues el creador tiene que ser un mundo para sí, y hallar todo en sí y en la naturaleza, a la que se ha incorporado"[2]. Para este gran poeta de la lengua alemana, el creador debe sondear en sus propias profundidades, en zonas que serán oscuras, indecibles, de orden inconsciente y tal vez, escapen al entendimiento netamente racional. En esta dirección, escribe:

Todo es: llevar hasta el término, y después dar a luz. Dejar completarse cada impresión y cada

---

[1] Palabras textuales de Berenguer de una conversación personal, pero en formato escrito, con quien firma el presente prólogo.

[2] Rilke, R.M. (1929) *Cartas a un joven poeta.* Trad. directa del alemán por Di Iorio, L. y Thiele, G. Buenos Aires: Ediciones Siglo Veinte. pp. 17 - 19

> germen de sentimiento absolutamente en sí, en lo oscuro, en lo indecible, en lo inconsciente, en lo inasequible al propio entendimiento, y esperar con profunda humildad y paciencia la hora del nacimiento de una nueva claridad: sólo eso es vivir como artista: en la comprensión como en la creación.[3]

Como Rilke, Berenguer defiende, para el creador, esta mencionada "vuelta hacia sí mismo", que le permita desarrollar una visión, es decir, una suerte de entendimiento que no se agote en las fronteras de la mera racionalidad. Vemos que su poética, al tiempo que inscribe referencias cotidianas o revisa algunas problemáticas actuales, inscribe también, material que es importado del mundo onírico. Podemos hablar de que "conviven" elementos que subyacen en cada una de las partes de dicotomías como "irracional / racional" o "sueño / vigilia". Así, prima en su obra el ejercicio de introducir elementos cotidianos que "preparan el terreno" para dar un paso hacia preguntas acerca de la propia existencia, o bien, poemas en los que la pregunta es la protagonista: "¿Por qué regresamos donde la carne es sueño? / ¿Quiénes somos los unos en los otros? / ¿Acaso bocanadas de la naturaleza?". Para nuestro autor, la pregunta es primordial en el quehacer

---

[3] *Íbidem. p. 29*

poético, cabe inclusive, multiplicar la pregunta. "Repreguntar" es, para él, un ejercicio imprescindible por parte del poeta. En nuestra opinión, la pregunta resulta ser una actitud, que, como el asombro, es propia de un niño, y, siguiendo unos versos de Rilke, podemos decir que se debe aprender de las cosas a ser niño[4]. Sólo de este modo, puede el poeta iniciar su búsqueda orientada hacia lo que es "perdurable" porque tal como lo plantea una de las voces femeninas y centrales de nuestro país, como lo es la de Olga Orozco, el poema es un "puente entre lo perdurable y lo momentáneo".[5] A tono con ello, la voz de Berenguer pregunta "¿Es el arte eterna alquimia? / ¿Sólo de lo efímero se construye lo perdurable?". Así, la creación poética comporta, para nuestro poeta, cierto sesgo alquímico. Lo efímero espera, en la palabra poética, transmutar en perdurable. La palabra poética, entonces, es una forma de acercarse a la esencia de las cosas, que no está a simple vista, dado que, de algún modo, es inefable.

Ahora bien, el poeta, cuya materialidad es el lenguaje, no tiene más remedio que nombrar. Él nombra como acto indispensable de una búsqueda que está,

---

[4] "Debe aprender entonces, de las cosas / a empezar nuevamente como un niño." Versos de *Libros de Horas* de Rilke. Citados en Rilke, R.M. (1929) *Cartas a un joven poeta*. Buenos Aires: Ediciones Siglo Veinte. pp. 54

[5] Orozco, O. (2012) "Alrededor de la creación poética" en *Poesía completa*. Buenos Aires: Adriana Hidalgo Editora. p. 472.

como hemos dicho, orientada hacia la esencia de las cosas. Nombra, esperando que nombre y esencia se correspondan, porque es el verbo el que confiere existencia. Así, la creación poética pareciera ser una réplica a pequeña escala de la creación del mundo. Sin embargo, el poder del lenguaje es limitado, no escapa al "precario sistema de la condición humana"[6]. De este modo, el poeta nombrará, sabiendo que el acto de nombrar comporta sus propias limitaciones, que el nombre no es la cosa misma y que los signos y símbolos con los que él cuenta sólo suscitan imágenes posibles. En esta dirección, la voz de nuestro poeta reza: "Antes de escribir / hay que saber / que las palabras no alcanzan / a medir esta visión / de lo indecible."
Vemos que la obra de Berenguer asume, entonces, el proceso creativo como esa búsqueda en lo inefable, ese ejercicio de "ir hacia lo perdurable". La creación del artista precisa un tiempo de gestación hasta ver la luz, dado que tiene su germen en zonas oscuras que, sólo con determinado tiempo de maduración, traerán claridad. Para nuestro poeta, existen poemas que se han "incubado" por mucho tiempo dentro del creador, antes de tener una entidad material (es decir, sus sonidos, su ritmo, sus recursos, en sí: su forma).

---

[6] Orozco, O. (2012) "Alrededor de la creación poética" en *Poesía completa*. Buenos Aires: Adriana Hidalgo Editora. p. 471

Como hemos mencionado, Berenguer promueve una comprensión que no se agote en las fronteras racionales, pero no por ello desacredita el entendimiento racional, más bien, asume la formación intelectual como requisito indispensable y constitutivo de la vida del poeta. ¿Será, entonces, que debe existir cierta coherencia entre vida y obra del artista?

2. Vivir poéticamente

Es indispensable que exista coherencia entre la vida personal del artista y su obra. Podemos preguntarnos entonces: ¿cómo ha sido la vida de nuestro poeta? Él, que defiende para el artista una vida retirada y en conexión con la naturaleza y una formación intelectual próspera, ha llevado durante casi diez años, una vida retirada casi por completo de la urbe y próxima a la naturaleza.

Pese a haber nacido en la ciudad de Rosario en el año 1948, Berenguer ha pasado parte de su vida, dedicada al trabajo de campo y al estudio profundo de temas filosófico-literarios en una comunidad ubicada en las afueras de la gran ciudad. En la década del '70, dado el contexto que imperaba en nuestro país, un grupo de jóvenes se retiraba a zonas rurales para trabajar la tierra y cultivar su formación intelectual.[7] Gran parte de su modo de concebir la poesía se debe a la formación que allí se ejercía; él cuenta que se destinaban ocho horas al trabajo y ocho al estudio. Es decir, que se estudiaba de manera continua y profunda. Era, muchas veces, la comunidad misma la que realizaba las propias traducciones de los textos a ser estudiados. Sin dudas, "vivir poéticamente" se vincula con este modo de vivir, que guarda un profundo compromiso del poeta para con su formación no sólo intelectual, sino también espiritual. Por otro lado, si nos remontamos a los primeros años de vida del poeta, vemos que una de las aspiraciones que él tiene respecto de su propia voz poética, como ser: la de una voz que se quiere cosmopolita, tiene su germen en aquel tiempo. Es decir, su espíritu cosmopolita, según él lo declara, se gestó debido a que vivió toda su infancia en un barrio multicultural, poblado más que nada por inmigrantes. Así, en su obra, son pocas las zonas que encontramos vinculadas a referencias regionales y vastas las zonas que encontramos vinculadas a referencias de las tradiciones, tanto del mundo europeo como del mundo asiático.

A continuación, conviene señalar otras aspiraciones que tiene Berenguer en torno a su propia voz poética.

---

[7] Cabe aclarar que esta comunidad no tenía ningún tipo de filiación con ningún movimiento político de aquellos días.

En primer lugar, vemos como una constante en su obra, cierta pretensión por "construir belleza" en el poema, que se encuentra ligada a ciertas experiencias vitales de su adolescencia que promovieron en él una suerte de trabajo estético orientado hacia la "delicadeza"; él declara al respecto: "quedé ligado [por dichas experiencias] a cierta delicadeza estética del mundo oriental".[8]

En segundo lugar, revisamos la premisa de Berenguer de que la poesía debe "crear un mundo". Por ello, la imaginación del poeta es indispensable, este puede plantear un tiempo, un espacio, o poner a convivir a figuras vivas y muertas, figuras cercanas junto a voces de la tradición filosófica-literaria. Así, leemos poemas que recuperan figuras familiares como lo son: la de los padres del poeta, sus tíos, amigos o vecinos y poemas que recuperan voces de la tradición (como por ejemplo Rimbaud o Nietzsche, entre muchos otros). Berenguer comenta que esta idea de recuperar figuras vivas o muertas, cotidianas o de la tradición, la compartía con Orozco, dado que habría conversado varias veces con ella, acerca de esta idea.

En tercer lugar, vemos que en la obra de nuestro poeta prima el ejercicio de introducir algunos conceptos filosóficos, como puede ser, por ejemplo, el del "eterno retorno" de Nietzsche. Precisamente,

---

[8] Palabras textuales de Berenguer de una conversación personal, pero en formato escrito, con quien firma el presente prólogo.

en el poema titulado "Eterno retorno", leemos: "¿Siempre será así? / Del inútil trabajo / del escarabajo de oro / vendrá esa luz que ciega / en ópalo y ceniza, / del declinar de las civilizaciones, / vendrá esa hoguera / que estalla en mil luciérnagas, / de la angustia del hombre / que camina en su emboscada / será el agua amarga / con que la tierra seduce al alfarero" (13).

Llegado este punto, hemos revisado diferentes puntos de la vida de Berenguer, como ser: su infancia, su adolescencia y su juventud, pero no nos hemos referido aún a su etapa adulta, en la que, concluida su estadía en aquella comunidad de estudios, ubicada en las afueras de Rosario, vuelve a la ciudad para iniciar un "vivir poético" que incluye también, la gestión cultural. En este período, nuestro poeta dirigió un ciclo de poesía que se desarrolló en el Teatro el Círculo de Rosario durante más de veinte años y que inauguró en 1998, la voz de Orozco. Este ciclo les ha dado lugar a voces de poetas nacionales e internacionales, no sólo porque estos venían a leer al teatro, sino porque también se editaban, después de cada lectura, antologías poéticas que los incluían.

A modo de cierre, destacamos un último dato de la vida de Berenguer: en el año 2020 fue galardonado con el premio de la Fundación Argentina para la Poesía, que compartió junto a grandes voces de nuestro país como lo son la de Juan Gelman, Julio Cortázar, Olga Orozco, entre otros.

Maira D'Antoni

SOBRE LA PRESENTE EDICIÓN

La presente edición, *En la línea del tiempo,* reúne poemarios que han sido publicados por Héctor Berenguer desde el año 2001 hasta el poemario que está aún hoy inédito, cuyo título es homónimo al de todo el libro.

Los libros de poemas que aquí se compilan no se vuelven a editar tal como han salido a la luz en su momento, sino que el poeta ha decidido que quería realizar ciertas modificaciones para después sí, re-editarlos.

Los primeros dos libros, *Marcas de agua* y *Tinta china,* constituían originalmente un único ejemplar, que fue publicado en el año 2001. Para la presente edición, *Marcas de agua* se dividió en dos libros, promoviendo la existencia de *Tinta china,* que contiene poemas del original y poemas que le han sido añadidos. El tercer libro, *Entre la nada y el asombro,* ha sido publicado en el año 2007. Este ha sido intervenido poco por el autor. El cuarto libro, *La casa de arena,* constituye un poemario que se elaboró a partir del corpus de poemas que ha sido publicado en el sitio web de la Fundación Argentina para la Poesía en el año 2020. Los libros quinto y sexto, *Caleidoscopio* y *Remanso Valerio,* constituían un único ejemplar que fue editado en el marco del Festival Internacional de Poesía de Bogotá (Colombia), en el año 2022. Sin embargo, se optó por separar los poemas pertenecientes a *Remanso Valerio* y reunirlos en un libro aparte porque conforman una unidad particular dentro de la obra del poeta, dado que su conjunto de poemas es uno de los pocos que inscriben referencias locales dentro de esta obra. El último libro, *En la línea del tiempo*, presenta un conjunto de poemas de la producción reciente de Berenguer.

Maira D'Antoni
Santa Fe, 2024

Marcas de agua

MARCAS DE AGUA

La piedra
se talla entre las aguas
y el tiempo
se hace arena,
si hay un rostro
que asoma
en tu mirada
no es el tuyo
es el agua.

ALAS SOBRE CADENAS

Hablo
para el silencio,
quizás
él dirá por mí
las últimas palabras.
Hay una voz oculta,
aun en la palabra
para decir,
incluso,
aquello que no habla.
Se nace de esa voz
como de un sueño,
con ese grito en la garganta.

Con los días contados

Todo está muriendo
los unos mueren
en nosotros
y nosotros
morimos en los otros.
La vida
hace una puerta
y la muerte la abre,
adonde voy
la muerte estuvo antes.
Morir
es poner la vida por delante.

Deo gratias

Oigo una voz
que no oigo
desde que supe
que era mía,
nada envejece
en el instante
nada muere,
desde siempre
la vida está parada
en su prodigio
y el hombre solo
en su indeciso aliento.
Cae
la luna
de los cielos…
Y en el asombro
alguien
talló mi vida
en su cantera.
Así,
se construye el día siguiente,
la vida
o nada.

INFORME PARA UN LOBO

Si volvieras
de donde la carne es sueño
y los hombres
te abrieran nuevamente el paso.
A ti, ungido sólo en lobo
entre la triste asamblea
de los que has sido,
a tus ojos estremecidos de niebla
desde ese ayer
abierto sendero de duplicaciones
donde todo está pasando
eternamente,
¿qué podría decirte?
No se sabe nada,
ninguna certidumbre
lo que la mañana trae como un sueño
la noche lo hace volar como cenizas,
menos el dolor profundo,
esa constancia humillante de la nada
que profana toda la alegría
todo el amor humano.

TODO LO QUE ES ES LO OPUESTO

Dentro del sueño, hay otro sueño.
Dentro del día, hay otro día.

Tus intenciones son siempre
otras intenciones.

El niño que llora en tu mirada,
llora, porque está viejo y satisfecho.

Todo lo que es,
es lo opuesto.

Irresistible pendiente
de hacer lo que no hacemos
cuando debemos hacerlo…

Porque hay algo en nosotros
buscando lo contrario.

Amar sin astucias
es cruento como odiar.

Santo y criminal
van al encuentro.

Porque esta sed que sentimos
de ser otros
no tiene redención.

REUNIÓN

Las frutas tan pronto maduras
como la luz distante
son sólo un gesto,
reunión inexplicable
de la criatura y la creación
en su eterna huida.
Debemos asir ese tránsito fugaz
esa luz viva
y como moscas ebrias de verano
vivir y morir
en la plenitud de un día.

MUTACIONES

El agua quiere ser pez,
el pez quiere volar y ser pájaro,
el pájaro quiere caminar y ser hombre,
el hombre quiere volar y ser Dios.

Todas las cosas,
todos los seres,
en algún momento,
mudan su natural condición
para ser otras.

De esta apasionada impaciencia
surge el mimetismo ancestral de la danza
y el canto ritual de la poesía,
júbilo y desgarramiento.

El padre

De un sueño
creaste la rosa del mundo,
un cielo sin orillas,
constelaciones sin número,
cardúmenes,
rebaños,
bandadas,
la mínima flor
y la pareja humana.

Todo para desear
como inmortales.
Todo para temer
como mortales.

El hombre
emergerá del hombre,
así como la luz
emerge de la luz
sin olvidar la sombra.

EL HIJO

Sólo el amor eleva
su discordia constante,
laberinto de insatisfecha redención.
Amor que divides,
amor que no reinas.
El hombre
odia su amor,
martillando sus clavos
en el hombre.
Queriendo salvarse,
hunde sus manos
en la herida de luz
que lo seduce,
y esa es su gran deuda.

AEQUE ANIMO

Nada digamos,
sólo aquella palabra
anterior al aliento.
Agobia
ser siempre el testigo
de todo lo que uno no es,
el que recoge las redes
con la vista puesta en el ahogado.

Cavar quiero mi vida
palabra por palabra,
si el agua sube hasta los labios
es porque quiere regresar.

ETERNO RETORNO

¿Siempre será así?
Del inútil trabajo
del escarabajo de oro
vendrá esa luz que ciega
en ópalo y ceniza,
del declinar de las civilizaciones,
vendrá esa hoguera
que estalla en mil luciérnagas,
de la angustia del hombre
que camina en su emboscada
será el agua amarga
con que la tierra seduce al alfarero.

Mirada poética

Ese mirar constante
al centro del dolor,
ese mirar desde la mortalidad
con ojos de hambre
fijos
en la suprema desnudez.
Nada nos cura de ese mirar
que nos ha herido de otra luz
que ya no conjura la palabra,
pero penetra como el mago en la desolación
y súbitamente hace posible
amar
en medio de la miseria humana.

VERA EFFIGIES

¿Dónde está ese rostro sin orillas,
ese innombrable original
huella de luz o pluma
que agita el aire de otros vuelos,
e imanta el ser
ya sin gravedad posible?
Cierra los labios el ángel de la muerte
y se deshace el luto
que agobia en los retratos.
Vivas las manos como alas,
encuentran
acuerdan
alaban.

CARA A CARA

En vano murallas
enormes puertas de clausura
ventanas cegadas para siempre
nada protege de lo incierto
ese débil perfume
que penetra las armas del olvido
donde el corazón siempre ilegítimo,
se agita dentro de inútiles candados.
Nadie quiere saber su nombre oculto
pero de pronto estalla
en noches con aullidos
en gritos heridos de fábula
y señala con dedos espectrales
objetos de memoria pura
donde el amor esconde su secreto dominio,
y lo otro se vuelve nosotros
y caminamos en la boca del tigre,
donde no hay jueces,
no hay verdugos
sólo crímenes del alma,
vida estancada buscando una salida.

SINAÍ

No amarás al hombre
amarás la sed que lo devora
                    H.B.

No hay cumbre entre la roja arena
sólo altura y sed que nos devora,
amo esa sed que penetra arrogante
las fauces de lo incierto.
Por cada línea de estas manos
sube terrible la llama del exilio
el corazón mismo de la separación.
¿Quién nos impuso esta voluntad
de consumación y olvido?
Muertos los bellos dones de lo inútil,
la Tierra está herida de finalidad,
nadie resiste ya la ardiente desmesura
de sus últimos límites, y la vida
sin tregua
y sin afanes
acomete y se agita
en el vientre de todas las furias.

Claroscuro

La primera palabra del día
viene del sueño,
antiguo pez de azules venas
de agua profunda.

Aún la luna vierte su influencia
y las cosas son visiblemente duales.

Tanto se anhela el alba
pero es inquietante luz
no es menos luz que sombra.

La vida se parte en dos en esta hora.

Me diluyo en la incerteza que amo
como un monje
en la casa del dios vivo.

Soy parte del torrente que me arrastra
por un caleidoscopio ritual,
lo oscuro es tenue y dorado.

Veo pájaros que no se atreven al vuelo
ocultos en su pequeño canto.

Entiendo el sentido de la compasión.

SUEÑOS

> *El poeta es carne encendida*
> *y la poesía una llama sin tregua*
> LEÓN FELIPE

Deja caer de tu mano
la fina arena de oro,
sólo el destino
preguntará a la vida
tu nombre decisivo.

Curso sigiloso
del ave migrante,
unos luchan por amarnos,
otros rezan por nosotros,
los demás,
nos mentirán siempre.
El corazón en bodas
vuelto a casa
arroja monedas al agua profunda.

¡Ah! Luna dragón,
detenida en el ciruelo de jade,
ruta de seda del arrobamiento,
deja que tus manos viajen
la memoria de los grandes sueños.

¿Sabrás por qué a tu paso
enmudecen juntas las cigarras?

Hay azules donde no cabe el cielo
y la tierra se desborda
en círculos de sol.

¡Corazón humano, sediento de osadía,
nunca habrá amor que nos contenga!
Sólo instantes
en la morada del éxtasis
y esa luz, llama sin tregua,
ardiendo en el centro fugitivo
de la vida.

Mercaderes de apocalipsis

Por este camino hemos llegado,
nadie sabe bien
qué alimenta la fuente del deseo,
avanza con nosotros
y nos tiñe de púrpura la marcha.

Algo espera en el hombre…
¿Quizás ese último peldaño
que nos separa del ángel
o el verdugo?

Lo que callamos para siempre
es vida agazapada,
es un crimen perfecto.
Nunca secará la tinta de esa sangre
ni las uñas
perderán su afán de apocalipsis,
porque no hay Dios
en el mercado de consuelos.

"Aparte de las amapolas
y peces voladores
hombres cantando sus canciones,
y mujeres altivas
peinando sus cabellos al sol".

No arrasará la muerte irreverente
al príncipe astuto que gime en su morada
eternamente herido por su encantamiento.
Mientras sople la vida
en las hogueras del mundo
y la Virgen sueñe en un trozo de ámbar
salir y ser reina
del oscuro rebaño de la Tierra.

Federico en Silz – María

Sabes que el sol
sólo se hace en la suprema ebriedad.
Somos la memoria del trueno
la breve nupcia
de un fuego renovado en otro fuego.
Ya nadie se reconoce
en el oscuro gesto de sus muertos
y has de cargar por ellos las últimas piedras
del dios que se derrumba.
Presagiando el hondo anhelo de la espera
que adormece a la oruga
en la tierra profunda.
No hay umbral que espere al gran viajero,
aquel que acomete el destino de la errancia.
¿Cuándo el azar o la consumación
podrán crear otra vez
tanta demencia para el canto?
Un ser altivo más allá de la balanza,
aire de bodas en las sedientas venas.
¡Ah, vida sin osadía,
razón sin osadía!

¡Qué raro bien es este
que ya no puedes
con la pura dulzura del aire!

¡Por el sol que arde en tus manos,
que abrazarán la tierra
como hondas raíces amargas!

¡Por este instante de lo eterno
que enciende el aire de rara felicidad,
mucho antes que tu aliento,
antes que el lento batir de tu palabra!

Memoria en Duermevela

De qué sirve
preguntar en sueños,
reconocer la vida
en la luna menguante
de otros ojos.
Andar errante
por la ciudad cautiva
partida en dos
por grandes cementerios,
sin encontrar
ni fuentes,
ni ventanas,
ni patios,
ni esa mano tibia
que te devuelva al tiempo.
Sólo nos queda
la obstinada memoria
en lucha desigual
con el olvido
y la incierta frontera del alba,
rosa oscura como laberinto
que has recorrido solo,
sin saberlo,
de una parte a otra de tus días.

Grillos de la China

Los grillos de Arturo
suenan a monocordes
mentales de Oriente.
No llaman ángeles,
son molinos de oración
en esa oscuridad
común al hombre,
de donde emerge
lenta
la palabra.
No es fácil
abrir la Vía Láctea
a las enredaderas
de la infancia
y perderse
en la creciente vastedad.
Aún no se ha dicho todo
sobre las manos
que liberan al grillo
en la tibia penumbra.
La soga
no hablará nunca
de las razones
del ahorcado.

FUGACIDAD

Lo que no puede ser ahora
no podrá ser nunca,
el tiempo no tiene regreso
una eternidad escondida
duerme en cada cosa,
que aunque próxima,
está siempre en fuga
como la luz.
Tomo del brillante hilo,
imaginando un mundo transfigurado.
Pero siempre es tarde.

Los desterrados

Un día
besaremos largamente
la tierra
después de tanta separación,
tomaremos las viejas herramientas
olvidadas
algunas semillas esenciales
y los pocos animales
que hayan quedado.
Sin darnos cuenta
del tiempo transcurrido de la larga travesía.
Del viejo yo
al nuevo que adviene
saldremos del arca.
Un nuevo hombre en un nuevo día.

TINTA CHINA

CÍRCULO DE CIELO

Círculo de cielo
en el pozo profundo
los inmortales beben
miel y rocío.

¿Quién puede distinguir
su rostro en el torrente?

Si la voluntad del cielo
no es constante,
¿por qué es infinito
el anhelo del hombre?

AMANECER

Gotas de luz
en el cielo del oeste
tierno hilo de seda
sostiene la quietud
aún los animales
en sus guaridas,
aún los hombres
en su melancolía.

SILENCIO

Leve
vuela la grulla
sin rasgar el aire
el sueño que la crea
la levanta.
En la larga noche
no temo
las cambiantes mansiones
de la luna.

Camino a Teh Chi

Por hondos senderos
se abisma la niebla
ni pasos
ni cantos
ni estrellas.
Sin esta tenue lumbre
hecha de débiles raíces
que atizan
el corazón del hombre.
¡Qué desolación!
Pasos,
cantos,
estrellas.

Recordando a Thi Ho

Lejanos
surcos de quilla
pausadas olas
vienen de Yung Chi,
rompen la calma
del cielo en el agua.
Extraña luz
abre el recuerdo…
Thi Ho partió
hace tiempo…
¿Que será de sus manos
nacidas para la alabanza?

MARAVILLOSO TORRENTE WU

El tiempo celeste
es un instante
y en él
se anudan todos los instantes.
La gran viga maestra
que sostiene el templo.
¿Dónde comienza el hombre
que habitamos
si no muere
el hijo de la costumbre?

Camino público

Camino a Hüan Stsung
los árboles no dejan caer la lluvia.
"¡Asoman demasiadas estrellas
en un cielo tan estrecho!"
La vida es estanca
en la senda imperial.
Entre lo humano y lo divino
ya nadie se reconoce.

Primavera

Contra el azul
olas de nubes
cielo o mar
no importa,
la última flor del ciruelo
tiembla,
el corazón se agita.

INVIERNO

Cada día
una palabra en el gran silencio.
Ninguna luz
arde fuera de su lámpara.
Viejos caminos
se funden en la nieve.
En la ventana enorme,
nube carmesí.

Serenidad

Del estanque
partieron las brumas.
Fresco aliento
respira la tierra.
Perlas de luz
abren el cielo.
¿Quién puede arrancar
de un tirón
la vieja raíz?
Los antepasados gimen
en los cambiantes sueños.
Dócil juega la caña
en la corriente
del agua
y el viento se dispersa
entre mil hojas.

A UN VIEJO MONJE

De un camino a otro
llevas
ese cadáver con tu nombre.
Demasiado sabio
para ser hombre,
causas estrépito
en el océano de la quietud.
Santos y budas
pedirán cuentas
por tus sandalias
malgastadas.

El monte azul

Ahí está el monte
el gran monte.
¿Cómo llegar a él si es inalcanzable?
¿Cómo acercarlo a mí
si está tan cercano?
Como el alba
o el crepúsculo
en tu mano caben,
pero si abres el puño
jamás podrás verlo.

Partida

Manos abiertas
al amanecer,
cuencos helados de rocío.
Alas de halcón
en el eje del cielo,
jirones de nubes
aún se aferran
a tortuosos pinos.
Toda senda se pierde
a plena luz.

Sendero otoñal

Solitaria cabaña
entre enormes piedras sumergida
flotando en la niebla
una piedra más
entre tibios leños
aves con paso de seda
hieren la negra tierra
se diluyen nubes
tras la lámpara
oigo el sonar
de la vieja tonada
tendré que partir
viajero solitario por el camino otoñal

Un círculo en la seda

La gran campaña de Gu-Hing
muge como un buey en medio de los sueños
junto al Buda de jade,
las frutas caen enormes y perfectas
todo lo come la tierra
todo lo bebe su sed infinita,
cada boca es una herida
que implora socorro,
cada vida recorre su milagro y se pierde.
¿Por qué entonces la cruel belleza del éxtasis?
¿Por qué la reina encadenada
en su colmena de ámbar?
Resuena la lenta letanía del sutra del gran loto.
No hay vestigios de hombres ni de dioses,
olas y ondas fluyen ligeras en el cielo otoñal.
Toda vida se agita dentro del gran espejo,
sólo la luna compasiva se desvanece
en mil astillas de luz.

Canción antigua del Yang-Tzé

Seda amarilla la espuma
quiebra los cabellos de los esbeltos juncos
reflejos de laca azul enloquecen el agua
cada mil lunas desborda el Yang-Tzé.
China es efímera, el Yang-Tzé Eterno.
Grandes virtudes transforman la tierra,
pequeños diques,
estrechos canales entre los arrozales,
hacen del pequeño hombre un héroe innoble.
Todo lo arrasa el Yang-Tzé
a sordos golpes de tambor, aguas hambrientas
flautas agudas entre los rompientes,
China es efímera,
el Yang-Tzé es eterno.
Grandes oriflamas de letras al viento
rogativas y apelaciones.
Ten bondad, dios de las aguas
nunca traspases nuestro umbral
los niños se revuelcan en el lodo
con ceros blancos
y patos azules.
En la vieja pagoda,
Buda sonríe.
Impasible ante el Yang-Tzé,
palabras dijo que ya nadie entiende.

Todo se confunde,
la vida tiene hambre de la vida.
El bien supremo es el no-ser,
el gran olvido.
Efímera China, Yang-Tzé Eterno.

Alas de mariposa

Lejanas colinas de ágata
destellando en sombras
líquenes tallados
del pasado invierno
partir
regresar
dentro o fuera
con alas bermejas
del silencioso vuelo

EL EXILIO DE DOS JÓVENES POETAS

En el extremo sur
del puente de Ten-Shin.
Con oro reluciente
y transparentes gemas
pasábamos con cantos
y risas, ebrios de virtudes
de un mes tras otro,
sin pensar en nada.
Hombres inteligentes
venían por el mar
de la frontera occidental.
Y con ellos y contigo
sobre todo,
nos entendíamos perfectamente.
Nada era para ellos
cruzar el mar o las montañas con tal de estar en
nuestra compañía y recitar poemas.
Hablábamos sin ocultar
nada y sin pesares.
Después fui confinado
por el gobierno de los
Wei del Sur,
encerrado en bosques
de fragantes laureles,
y tú, hacia el norte

de Raku-hoku.
Entre nosotros
sólo quedaron añoranzas
y memorias comunes.
Luego cuando ya era
insufrible continuar
sin poesías,
volvimos a encontrarnos
y fuimos a Sen-Go.
Siguiendo
las mil vueltas del río
de la luz dorada entre remolinos y sinuosas aguas.
Hasta un lugar
con millares de flores,
que era el primero
de los valles.
Y luego otros mil valles,
plenos de voces
y rumores lejanos
de poetas en el viento.
Con sillas de plata
y riendas de oro
en los poemas marchamos por esos caminos sin
cuidado alguno.
Así fue nuestra vida: un sueño ligero
hecho de aventuras
y poesías
en aquella lejana dinastía.

El poder destruyó
las artes.
Pero nunca decayó nuestra amistad sincera de
 poetas.

Otoño

Escrito a comienzos del otoño,
en el Estanque de Aguas Saltarinas.

En otoño,
cuando los días son claros,
y el agua se llena de ondas.

Es tan agradable
dejarse ir flotando
y con mano suave recoger flores de loto
del estanque.

El viento fresco
es placentero,
y comenzamos a cantar
al compás de los remos.

Las nubes son brillantes,
se dispersan con la luz del atardecer,
la luna se pone en el río plateado.

Disfrutar este placer
dura mil años en un momento.
¡Aunque nada parece suficiente!

PASAMOS

El que llega a tiempo
se halla dentro de su
tiempo.

Y el que se pierde
es como si llegara
de regreso a la vejez.

Me río de mí,
viendo al hombre
del espejo
con sus cabellos blancos.

Todos los suspiros son vanos.
Todos los intentos no afectan el orden natural.

Con la mano en el corazón
he preguntado:
¿por qué pasamos?

Yo iba entre todos los posibles en el vientre de mi
    madre.

Muchacha frágil,
viajé con ella

en la espuma de su cuerpo.

¿Dónde está ahora
la rosa que se abrió
para parirme?

El almendro florecido
no pregunta a sus raíces.

Sólo perfuma
la tierra en primavera.

Y en invierno se repliega
en la nutriente madre
de todas las cosas.

Así perdura sin saberlo
en lo profundo de sus raíces.

Junto a los crisantemos

Junto
a los crisantemos
bajo el seto.

Contemplo
silencioso la montaña.

La tarde delicada
se inclina
al borde del crepúsculo.

Pájaros
en bandadas
vuelven a sus moradas.

En todas las cosas
hay sentido.
Y en toda vida.

Cuando quiero
expresarlo,
quedo sin palabras.

Loleh

Está también Platón, su historia de la caverna
y Chuang-Tzé que sueña que es una mariposa
y se pregunta a sí mismo cuando despierta si no será
una mariposa que sueña ser Chuang-Tzé.
Está además Descartes, y la posibilidad de que todo
      no sea
más que una jugarreta de un genio malo y el otro,
el irlandés que querría despertarse por fin
de la pesadilla de la Historia.
Quizás después de todo yo sólo he soñado
que camino junto a ti,
si sueño que te amo,
si sueño que soy yo
si sueño que tú existes,
¿quién se despertará al final de mi sueño?
Pero el viejo sabio chino sonríe dulcemente
me sosiega, yo podría aceptar la idea
de que nada bueno
me hubiese ocurrido nunca de verdad,
pero que Loleh
no haya existido,
encuentro la cosa improbable.
Sí, tú estás aquí
y el viejo maestro chino murmura,
si no existe nadie más que yo,
no existe nada de mí.

REGRESO A LA CONTEMPLACIÓN

Un huésped
habita en mí
y nuestros intereses
son diversos.

Uno de nosotros
está borracho
el otro está
siempre alegre
y sobrio.

Despiertos
o dormidos
contemplamos
la ambivalente
creación
y nos reímos
el uno del otro.

No comprendemos
el mundo
sólo nos asociamos
para admirarlo.

Propiedades y convenciones,

¡qué tontería seguirlas!

Ser coherentes
es no estar involucrado.

Nada desees,
hermano caminante,
sólo alas para acercarte
a la sabiduría.

Y ser sólo uno
con lo que contemplas.

Escucha tú, viejo borracho,
cuando muera
ese día,
enciende una vela
y sonríe por los dos.

Nuestras sombras
serán siempre una sola.

ENTRE LA NADA Y EL ASOMBRO

RESURRECCIONES

Las palabras ya no son la vida
son lo que aún nos queda
de su ausencia inevitable,
antes o después está el prodigio
de las pequeñas resurrecciones,
como si el acto de escribir
fuera en sí mismo
la celebración
de estar en este mundo,
de ser hijo de muertes
y resurrecciones.

Pequeña palabra

La palabra
se inclina al abismo
y genera tierra firme,
después es el lado oculto
del silencio
hasta su alumbramiento.
Vivir es la vergüenza
del intruso
en la casa de un dios desconocido.

LO INEFABLE

Hay momentos
que traspasan lo inefable,
pequeñas eternidades
al acecho.

Ese ave
libre de sombras
cruzando en el espejo
que después
es de cristal,
de agua
o de palabras.

Una voz
perdida en el naufragio
que corre el velo
de la luz
en busca de un vocablo.

Historia de un día

La carne abierta
como un lienzo
dispuesto a pintarse
con las horas.

Palabras
con que roturarás el alma
buscando raíces de sueños
como túmulos de arena.

Todo lo que arde y huye
es tuyo
y se irá contigo.

Por un instante

Abre los ojos,
lo que vemos es incierto.

La vida se resiste
a ser materia
y anda ingrávida, en puntas de pie
como un derviche.

Para que haya mundo
tiene que haber
un contramundo.

Todo lo que es,
es efímero.
No nos damos cuenta
y ya somos
una vieja fotografía.

La inocencia

Sólo lo mínimo
resiste cada día
el extremo de la matanza.

Ojos insomnes,
allí donde se oscurece el mundo,
donde se quiebra indefenso
lo que alguna vez fue sagrado.

Miras la nada,
extraño espejo
y ella te devuelve
tu íntima mirada.

Conoce el esplendor
de tu sombra
y te sostiene en un lugar seguro.

EL ESPEJO

Algo nutre el manantial
donde se alimenta el mito
que antaño fue un dios
y hoy estremece y espera.

Nadie canta otra cosa
que su máscara agotada,
aunque hay momentos
en que todo puede suceder.

Los muertos de otro tiempo
han huido y en el círculo
del corazón
pueden mirarse en nuestro espejo.

INCIERTO

Todo origen es incierto
pero tiene la condición del asombro.
Tenemos armas
contra el asombro
sin embargo,
nunca he comido
pan tan puro
ni he bebido vino
en mesa tan fragante.
Estuve así, sin saber,
unido con la vida.

Epifanía

Mi única estrategia
es el agua,
epifanía del rostro
en la mirada que huye
como una astilla
en el torrente de la sangre.

Así clavada
entre el silencio y la palabra
compartida.

LLUVIA ADENTRO

A veces llueve adentro
y me amparo en la lluvia
para refugiarme,
para hurgarme en lo hondo,
para caer del todo dentro mío
y así vivir,
ese único instante verdadero
de amor sin reparos,
de un bautismo sin lágrimas.

Después no recuerdo
dónde estaba
la ropa que tenía,
si estaba seca o mojada.

La gaviota

La gaviota cae
veloz de su sueño
en la redonda ola
llegada de tan lejos,
sin dirección ninguna.

Maravilloso movimiento
dentro del océano
de la quietud.

EN OTRA PARTE

Estar aquí
es una forma de decir,
una convención establecida
algo en nosotros está en otro lugar.
¿Es antes o es después?
Me pasa que vivir
es como estar en otra parte
buscando a ciegas en el lugar
donde no estaba.
A veces esas partes
se encuentran en un sueño
y el otro intenta decirle
a este que escribe
cuánto le duelen
las partes de este enigma.

A Carlos S. in memoriam

Hubo días
donde el agua era fuente,
ahora la vida
cabe en el hueco
de unas manos yertas.

Se pudre el corazón
dentro del pecho
y el ayer y el nunca
trazan una cruz de sombra.

Me ahoga esta noche,
ese grito
que en sueños
confunde tu vida
con la mía.

Vendrá el silencio
al fin,
para cubrir
la desnudez de estas palabras.

TRAICIÓN DE LOS ESPEJOS

Nadie es igual
ante un espejo.

Nos mira
fugaz,
la historia plural
de todo hombre.

Uno se inventa
ante múltiplos
y no se reconoce.

¿Habrá un lugar
donde construir
la propia ausencia?

El grillo en la cocina

El que se sumerge en sombras
hace su propio canto.
Arenita roja en el ojo de Dios
o lo que él quiere que sea Dios.
La felicidad no es hija del cielo
ni de la tierra
sino del hombre, dice su canto.
Afuera está el mundo
y la fiesta de los otros.
Yo que vengo de todo mal
digo esto:
canto antes que amanezca,
la vida obliga a romper el discurso
y a vender por nada
las reliquias,
porque ya nada sé
y si alguna vez supe algo
lo he olvidado todo.

ÁNIMA BENDITA

De un ser
subsiste lo imposible,
detalles
en un objeto predilecto,
instantes azarosos
que anudan sueños con vigilia.

Fronteras del árbol tatuado
que deja su ausencia,
segmentos de gozo
intransitado.

Y ese vacío
que se confunde al fin
con existencia
es la meta extrema
de un largo deseo
por ser otro.

Despedida

> *"qué podemos llevarnos de aquí / sino los dolores, lo que pesa / la larga experiencia del amor…"*
> R.M.R

Cuenta mi vida
a partir del final
como si alguna vez
fui alguien dentro tuyo.

No hay palabras
que vuelvan
al origen.

A veces una explosión de latidos
dentro de un sueño.

No hay modo de revivir
el tiempo que se ha ido,
nada puede suceder
de la misma manera.

Vivir es otra cosa
que sucede
al mismo tiempo que vivir,
es la ilusión de estar en este mundo

para inventarnos,
estar juntos
e imaginar que somos verdaderos.

POEMA

Las páginas en blanco
son la luz de estos poemas.
Destellos de intemperie,
palabras inmaduras.
¿De qué nos habla
la voz
que se descifra en el lenguaje?
Sino
de aquel único poema
indefinible
que soñamos
o nos sueña.
Esa otra mitad original
de pura vida,
esa otra aurora de uno mismo
que nos mira
desde la fábula y el mito.

Doble alma

Ese que grita mi nombre
tras un muro
de palabras secretas
donde tiempo y vocablo
conjugan sueños y vigilias
para olvidarse en el encuentro.
Ese sol negro
o doble alma
sale a la luz
dentro de mi vida
pero no cabe en ella
como no caben más palabras
en el gran silencio.

UN HOMBRE ACABADO

Cuesta tanto cada amanecer,
hay tanto dolor
en la gratuidad de esta luna diurna.

¿Por qué no quedar así
constelado de belleza
inexplicable,
erguido aún en donde estuve siempre
entre la nada y el asombro?

Por esta fragilidad
de hombre acabado
nada más que por confianza,
por estar en este mundo
y merecerlo.

Allí está el hombre

Escuchas las voces de la Tierra,
su latido entra y sale de ti
extraña respiración,
que habita el abandono,
lo que no tiene importancia,
ninguna razón posible.

¡Qué bella ebriedad
de lo existente
que tiende su seda sobre nada!

Palabras como hojas
que esperan la madurez del fruto
tanto y tan poco tiene este hombre,
alguien que lo pronuncie
en el excesivo azul
de la mañana.

Dos amigos

Nos prometimos
realizar hazañas
y hemos de perdernos
sin pena ni gloria.

Sabemos que dos
son más que uno
pero uno nunca será nadie.

Todos los senderos se borran
después de medianoche,
la mitad de mi copa
vuelco sobre tu vida,
perdamos la cabeza
el tiempo es nada
sereno y susurrante
el mundo
y sus adioses.

La vieja raíz de la belleza
nos llama
naturaleza y alma
tienen la misma soledad de siempre.

Darwiniana

El hombre
es una ausencia
que sucede
a la par del hombre,
aunque a veces
todos lloramos
las mismas lágrimas.

La vida ocurre
como una eternidad vacía
y ya no hay lugar
para morir de ser humano
ni un hueco
para salir a tiempo
del incendio de la especie,
de ser un yo
cautivo
que lucha por ser otro
y desespera.

EL ANTEPASADO

Pudo
haber encendido
el vocablo
entre dos piedras,
la diminuta frente
abierta al universo
por unas palabras
primordiales.

Ahora,
todo resplandor
es lejano,
desde muy hondo
llaman las voces de la Tierra.

Se nace de la propia sed
pero el milagro
no tiene día siguiente.

El dios desconocido

Dios no tiene nombre todavía,
no hay pan para ese hambre
ni vino para tanta sed.

Aquel que contempló el milagro
se ha perdido
como la mano que lo ha tocado todo,
como la boca que lo ha besado todo.

El dios ausente
es un estremecimiento,
alas que se disipan
en la plenitud del vuelo.

Dios es este anhelo de Dios,
y no otra cosa.

También es el último hombre
y su grito estalla
de una parte a otra
de mis sienes.

Cicatrices

> *"nuestros ojos son cicatrices / las formas que se ven /*
> *son cicatrices"*
> T. Castilla

Es preciso salir de este sueño,
los muertos
tienen el aliento que le damos
por eso cada cual
se convierte en lo que piensa,
por lo que piensan otros
en nosotros.
Hay que perder el ojo de Narciso
y la mirada que alimenta
castigos y premios.
Después, enterrar el ojo,
en lo profundo,
en la mirada nueva
de un poema lapidario
y devolverle la mitad al sueño.

Palabras con la muerte

> *"¿piedad, dónde se encuentra / aquel*
> *que está sólo consigo"*
> G. Ungaretti

Te sigo muriendo
en la obstinada sinrazón
que habita toda muerte,
la vida tiene ahora
un no profundo.

El precioso tiempo
abrió mis ojos lastimados
de asombro,
porque todo huye
en el destiempo
y hay un ala rota en el
esfuerzo humano.

Una incompletud
sin piedad ni medida
es lo que pudo haber sido
y no fue, ese cadáver
que todos llevamos
con apuro y sin pena.

Vergüenza infinita
de tener que morir
y ser hombre
sin asombro y por nada
como una especie fracasada.

¿Quién cumple todas sus promesas?
Sólo algunos que llegan a tiempo y
tienen un destino que los salva,
hay quienes saben desde siempre
que todo intento es vano.

Habla la arcilla

¿Qué busca el hombre
en el borde de su vida?

¿El olor acre de la carne
florecida,
la voz de una palabra
irrefutable,
quizás lo rígido
que es máscara
contra el espantoso
silencio que conmueve?

Miras los ojos estáticos,
las bocas resecas
habituadas al hambre.

Allí estás,
perdido entre preguntas
despreciando el mercado de consuelos,
de un abismo a otro va la vida
imaginándose.

SUEÑO HINDÚ

Centinela de oración junto al gran río,
el tiempo es agua,
la vida dos orillas
y un torso desnudo herido de éxtasis.

Ávidos construyen templos,
abejas ebrias de Dios,
le entregan té, flores, leche, pastel de arroz,
dan para recibir lo que no tienen.

Máscaras que hablan a otras máscaras
rojo, blanco y azafrán
entre saludos reverentes
estanque con lotos rosados.

Traqueteo del ferrocarril
como un mantra interminable.

Monos sagrados,
elefantes sagrados,
vacas sagradas,
hombres sagrados,
todos por el mismo motivo.

El tiempo retrocede
y se come a sí mismo,
genera la ilusión
de que estar vivo
es ser espejo,
cielo,
barro fértil,
nube,
madera perfumada
que se quema.

La muerte de Buda

Buda se ha muerto de vejez
entre viejas doctrinas y convenios,
en Oriente sólo existe el antibuda
entre las grandes factorías
y la jungla interminable.
La vida se desgarra
en el aullido de los monos
o en el silencio de las plantas carnívoras.
Lo que se muere disminuye
a lo que crece
y todo se atormenta en esa espera.
Nadie puede ser lo que se es
o se repite para siempre,
porque en Asia no hay persona
sino máscaras sonrientes y terribles,
sólo naturaleza envilecida.
A veces alguien sueña con ser
hombre o mujer
y es el sueño del hartazgo.
Los hombres
han acabado con Buda
y Buda ha acabado
con los hombres.
La vida está herida de extinción
sufre de ser y de no ser.

SOLSTICIO

Por fin el verano danza
en la forja del solsticio
y martilla la carne
del barro renacida.
Fuego encendido en otro fuego,
no te den pena el hombre
y su miseria.
Hay una madurez tal
en la danza de las horas
que basta un alma frágil
en soledad,
que se incline como el fruto
hacia su propia gravedad,
allí donde duerme la Tierra
y silencia su tambor el tiempo.

AUSENCIA

Cada amanecer
padezco la nostalgia
de esa noche original.

De esa otra aurora
que es la sombra.

El hombre no deja
más que su ausencia
en las masacres.

Belleza
es finitud urgente,
después queda lo que ha sido,
lo equívoco,
la historia,
ese pequeño eclipse
carente de alma.

Lo inestable

Incesante manantial del universo,
muda eterna
juego más allá del hombre
que se esfuerza
en crear y destruir
donde se asienta la carne
de visibles pasos.

El que contempla
vacila en el abismo.

Los dioses también mueren.

El fin de la vida
no es el hombre,
ese conspirador contra su especie.

Lo humano no es lo igual:
es su diferencia.
Su desviación fundamental.

Todo es naturaleza angustiada
de quebrantos,
combate eterno.

MAÑANA DE OCTUBRE

¿Quién levantó mi cuerpo
esta mañana?

Lo sostuvo de la nada
contra la gravedad
como se yergue un árbol
de la tierra.

Alguien sin nombre
anduvo por allí,
por esas calles
tocando el cielo con mis manos,
abrió el abismo
como una puerta compartida,
entonces supe
que estuve cerca
de haberme conocido.

JUVENTUD

Velas al soplo del viento,
tan sólo velas
y bálsamo de alisos.

Al partir, el sol cegaba
la otra orilla
iluminada.

Ya no agobian
días de oro
perdidos
en el corazón
de mi luz.

LAMENTO

Un día cualquiera,
cuando amanezca
el sol dará su fiesta
y ya no serás el invitado.

Las horas
habrán cumplido
su ritual de intimación
y alejamiento.

Lo antes vivido
será la obra inconclusa
y como un golpe de luz,
uno envejece y muere
sin mejores argumentos.

LLUVIA

La cosecha del agua
son estas palabras
deslumbradas,
mínimas semillas
de la fiesta
que traspasan
toda noción de lo que somos
para unir en un instante
de inocencia
el cielo con la tierra.

VISIÓN

Antes de escribir
hay que saber
que las palabras no alcanzan
a medir esta visión
de lo indecible.
Uno se pierde en el lenguaje
y no se reconoce,
cada palabra es otra
de regreso.
Sólo se define
lo que se limita.

Advenimiento del poema

Regresas inerme
ante el prodigio,
desaparece
toda noción de poder
sobre el lenguaje.
No hay otro milagro
que esa mónada de vía
que se abre
y que transcribes
disolviéndote
en lo que suceda,
hasta el fin
de las palabras.

UN LUGAR FUERA DE TODO

¿Y para qué las palabras
y no su ausencia?
Ese querer nombrar
lo que es
y no su sombra.
He tallado lo inevitable
de silencio.
Lo que me nombra
está fuera de todo,
porque ese afuera
es un lugar de adentro
y cuando voy adentro
estoy afuera.
Ya no conozco mi nombre
y es él quien me nombra,
le quita a Dios su silencio
y las palabras me escriben
mientras muero de asombro
ante la belleza del mundo.

Transformación

¿Y ahora quién sabe,
si las heridas se curan al sol
o a la intemperie?

¿O si todo es lenguaje a descifrar
hacia adentro
antes del callamiento?

Uno se piensa insurrecto
y es apenas una voz
que dice a otra
su metamorfosis,
los límites de su ausencia.

"Todo es tan de repente
que ya no basta el oficio".

El legado

Todo el sonido del mar
lo encierra una caracola,
he tratado inútilmente
de descifrar toda mi vida
ese sonido.

Las marcas del agua,
el río plateado y oscuro
donde las barcas se adelgazan
en el crepúsculo.

Vivir aquí me ha dado
dos orillas
donde todo es irreal y cercano,
puertos de jade, ámbar
y arena.

No sé nada sobre caracolas
pero busco sin llegar
a estos versos de nadie
como el agua,
sin destino alguno.

EL ÚLTIMO PROUST

Proust está en su cuarto,
mira hacia adentro,
al pasado eterno.
Toda una antropología
lo contempla,
hay infinitos fragmentos
de Proust
errando aquí y allá
junto a ese hombre acostado
en su cama de enfermo.
Antes que todo se termine
mendiga unos minutos más,
no para el hombrecito gris
y rutinario
a quien la aniquilación
le está asegurada.
Ya vive ese otro tiempo verbal,
extraña alquimia de lo imaginario
que cambia la vida por el arte.

MIRADAS

Algunas miradas tienen
un luto eterno
que traspasa todo lo existente,
es el lugar donde la sal
seca la boca del sediento
y el gusano atraviesa
el corazón de la manzana
penetrando el misterio
de sus alas.
Una vez hubo un diálogo
entre el hombre y Dios.
Del estremecimiento,
surgieron las palabras
primordiales.
Las tejedoras, ahora, anudan
y desanudan el tiempo,
el vocablo es este límite,
y los ojos son
monarcas sin reino.

Barcelona revisitada

De camino las variaciones Goldberg
y uno pensando en las resurrecciones
y no en las muertes
como el barro que se toma
y se modela,
herido como amapolas rojas
que tienen las formas
de nuestros pensamientos
como aquel que se atreve a pensar
más allá de sus miedos
y sabe que la belleza
duele como un tajo en el costado,
pequeña urna de luz.
"Ustedes quedarán para ver
lo bueno que es todo:
la vida, la muerte…"
decía Joan Salvat Papasseit,
no lejos de aquí, en esta tierra
mirando al puerto.
El camino se abre como dos alas
teñidas de verde mediterráneo
y de este silencio no podría volver
si no fuera con palabras.
Barcelona,

una eternidad anda sin mí
por estas calles,
el mericano
camina en sepia
por las fotos de mi padre,
sorprenden los rostros renovados
y el punto de partida siempre es el retorno.

ILUSIÓN

En los límites
del agua
dos se hacen uno
y el que queda
se inclina
en leves ondas
hasta ser
ninguno.
En el origen,
la luz
es la aurora
de sí misma,
hasta poder crecer
y hacerse finalmente
la hermana de su sombra.

LA PARTIDA

Amigos viejos te acompañan
a las puertas del poniente,
deberás partir.

Creciente la décima luna
seguirá tus pasos
que lleva a los montes celestes.

Hemos celebrado
todo lo que nace y muere.

Seguirás solo,
ya no es posible ninguna compañía.

No lejos se escuchan
tristes canciones bárbaras,
los iletrados dicen
que eras un inmortal,
yo sólo sé que triste llevabas
tu alma.

Hay un incesante parloteo de cuervos
en el aire,
vocinglera algarabía
de los que siempre llegan tarde.

Tus huellas distantes dirán:
por este camino ha pasado un hombre.

LA CASA DE ARENA

Retrato de familia en el jardín

Aquí fuimos dichosos una vez,
la alegría perfecta fue un día en su pura luz.
Una manzana quedó sola en el aire
y ella también se oxida en la caída.
¿De dónde viene ese dolor?
Ese perdido jardín que no es el nuestro
algo lejano nos deja en orfandad.
¿Dónde reina el corazón humano?
¿En qué lugar esperas y estás viva?
¿En qué calle, en qué patio, en cuál esquina
surge tu llama de estrella que no alumbra?
Vendrá la noche por siempre,
como un relámpago de plata,
vendrá, si viene en el dolor más puro
como una ofrenda de palabras.

A Don Domanski

El mundo asoma en una mano abierta
y duerme en la otra cerrada.
El que sube por esas secretas nervaduras
puede mirar en las líneas de la noche
y ver en ellas, rostros y nombres olvidados.
Trepar de una mirada, las manos del dragón
de los sueños perdidos.
Don conoce la respiración de la luna
donde aún deambula errante Rousseau el aduanero.
Dios es un sueño eterno que escribe tu destino
dentro de unas manos.
Después todo se construye imaginando
y uno sueña con ser el que se es.

BORRAMIENTO

No tengo paz, no tengo miel,
no tengo pan.
Me ahogo y aún no ha llegado el alba,
no tengo pasado.
Han quitado mis ojos de los retratos,
me pinchan los ojos para cegarme.
Mis hermanos indiferentes me repudian,
ya no tengo historia que sufrir,
sus narraciones no me reconocen.
¿Se odia tanto quien me odia?
Quitarme el rostro,
borrarme para siempre de un espejo,
desaparecerme.
Mi vela arde vacilante antes del alba,
la luz describe mi sombra,
mi antiguo nombre.
Ahora la pequeña luz será nada en la ceguera del sol.
He llegado a la orilla en un sueño,
despierto para ser otro sueño.
Hay quien quiere que sea
sólo un sueño invisible.

Somos la suma de todo lo que fuimos

Los viejos retratos
desatan sus nudos,
el que hoy es el hombre
se encuentra con el niño
se reconocen, se saludan,
se perdonan.
Somos imágenes pasajeras,
dice el niño.
Somos la suma
de todo lo que fuimos,
dice el hombre.
Hay una sola vida
que asoma con el niño
ríe o llora con el hombre,
después algo los asusta,
la vida se esconde otra vez en un retrato
y ya nunca vuelven a encontrarse.

A la Memoria de Wan Wei (699-759)

Que la serena meditación
subyugue al dragón del deseo.
Que la tranquilidad sea tu alegría.
Que los diez mil asuntos de este mundo,
cesen de turbar tu corazón.
Reflexionando, creo que no existe mejor
determinación que despedirnos del saber.
Partamos a los bosques donde el viento suspira entre
      los pinos.
Al amanecer tañiré el laúd
para que sepas que ya no me ocupo de mi hacienda.
Y te invitaré,
no digas nada,
a escuchar juntos el canto de las aves.

El retorno de F. Nietzsche

Un hombre igual a él, quizá yo mismo,
estará otra vez dentro de su carne
para mirar de nuevo el limbo de la tierra,
no sólo una vez sino infinitamente.
Este poema será escrito igual que ahora como un
      múltiplo.
¿También en cada cosa existe un plagio eterno?
¿Y quién somos?
¿Sólo una falla cósmica?
Este que hoy es mi carne y mis ideas,
¿será infinitamente?
¿Dónde está el original?
¿Dónde el arquetipo que abrió la puerta de las
repeticiones?
"Soy Dionisio crucificado…"
dijo aquel hombre extasiado de amor y dolor.
Su mirada que aún me persigue,
parecía decir: "somos el agotamiento de lo mismo".
Un poeta es también, su propia profecía.

Hospital español

Si es necesario besarás el escalpelo
que habrá de matarte.
Estás aquí,
venciéndote a ti mismo,
te pones de pie,
y cantas con furia como el ángel Dylan.
Ahora que te ahoga el último parto,
no pierdas la fe,
nadie nos está mirando,
el cielo será de nuevo azul mañana
y el mundo no dejará de sonreír por falta de poesía.
Un Mishima pelirrojo
mira en lo alto del muro
con ojos de tigre altivo y solo,
mientras el gusano lo devora todo,
la polilla escapa comiéndose la luna
en la ventana.
Nunca estuve tan cerca de entender la vida
como en esta sala de espera,
viendo la confusión como un estado del alma
y la razón humana,
como un parte médico absurdo.
De todos modos, se sobrevive igual
sin belleza

y con tan poca sabiduría.
Sin embargo, ¡qué hermosa fue la lluvia en esa tarde
      de diciembre!
Tomamos café con Hiram y Marcela
como niños en las catacumbas,
una estatua de mármol nos pareció la virgen
de un claustro sin nombre.
Así es el mundo: ilusión y encantamiento.
Una palabra puede cambiar la vida
y sin ser otro ya nunca serás el mismo.
¿Cómo explicar a alguien
la tan temida muerte
como un gesto benigno?
No una perversión,
no un crimen perfecto,
sino algo indescriptiblemente bello
como atisbó Rimbaud alucinado.
Pero hay que ser otro,
poner la vida por delante
y olvidarlo todo.

INVENTARIO DE VIAJE

El amor quiso esto de mí,
quiso que intentara buscarlo y descifrarlo
en todos los amores que he tenido.
Descansa en paz, amor de mi vida,
quien todo lo conoce, todo lo olvida.
El hombre tiene todas las edades y es un niño,
la ternura y la brutalidad le vienen de la cuna.
Al resto le pone límite el mar como a la orilla,
a nuestro abrazo final cuando llegamos
al eco de nuestra lejana voz,
cuando partimos.
Amar seguirá siendo eterno aprendizaje
de dones y dolores.
¿Angustia esperanzada o pura obstinación?
¿Quién lo sabría?
Es necesario hacer un alto en nuestra huida,
un largo adiós y una corta despedida.

La casa de arena

Gusto a sal en la boca,
principio y fin de todas las cosas.
Cuando el verano termine,
el viento me tallará como a una duna.
Mi arrepentimiento es no terminar a tiempo
y que mis deseos permanezcan más allá de mi vida.
Anoche tuve un extraño sueño:
podía ver pasar el tiempo
como se dan la mano o la espalda,
así las cosas cambian de sentido
y con ellas se detiene todo lo previsto.
Hay otro mar e irrumpe en sueños su larga travesía,
piedra horadada que recoges lo que el cielo
       desprecia.
Vulnerable es todo hombre hecho a la altura de su luz.
Cuando era niño
solía susurrar exigente el término del miedo.
Ahora cuando llamen por mí,
habré desaparecido.
Amo este día porque todo se pierde.
El estar aquí nada más que por nada
cautivo y libre en un instante eterno.
Siento la vida extrañada como si fuera de otro,
¿acaso ya no soy la sombra de mí mismo?

La simiente que perece

Está a mi lado alguien que no conozco,
que nadie conoce.
¿Cuánto tiempo he cargado con un desconocido?
He velado su cuerpo inasible
lo he seguido de una parte a otra de mis días.
Como a Patroclo lo he amado a pesar de estar
      muerto.
Ungí por él
un arquetipo de la muerte.
Cualquier figura puede estar en el interior de su
      círculo.
Antonius Block, el caballero del séptimo sello,
siempre irá más lejos que Ingmar Bergman.
La creación es superior al creador.
Hay una partida de ajedrez imposible de ganar.
¿Cuánto podemos demorar su término?
¿Es el arte eterna alquimia?
¿Sólo de lo efímero se construye lo perdurable?
Siento en la noche su poder como el fin de mi
      mundo,
su crecimiento como mi desaparición.
¿Tendré que morir para saberlo?
Esa parte innominada se adueña de mi vida
y es la que decide.

Ya no importa la fortuna
si aliviado veré el fin de todo engaño.
Somos la simiente que perece.

MANUELA

Has vuelto de donde la carne es sueño
donde el ayer asoma a las puertas del corazón
fuera ya de la embriaguez del tiempo.
La palabra imperfecta quiere que no te apagues,
sombra amada,
entre las infinitas sombras del olvido.
Que no me ciegue la ilusión de ser,
que es también incertidumbre,
quiero este instante en la caducidad del tiempo
donde todo se construye y se destruye.
Allí la memoria de haber sido,
golpeando la puerta de un dios que no le abre,
y la pasión infinita de imaginarse otro.
Sé con Pavese
"que vendrá la noche y tendrá tus ojos".
Tu mano tibia como cuando éramos niños
y yo era un niño para verte.
Grácil movimiento del cuerpo de entonces.
Transfigurado aliento que habita el desvanecido
      instante
como un desolado grito.
Si nadie es nada en nadie,
dame al menos tu asilo,
dame al fin el fin del deseo
donde la nada se dibuja ensimismada.

El alba me sorprende
contemplando el aromo florecido,
otra vez la mañana estalla y deslumbra.
La insoportable belleza del mundo.
Corazón mío, hecho de todos los adioses,
¿de quién es el dedo que señala la luna?
¿Del hombre que señala?
¿Es la luna señalándose en el hombre?
¿O es ese límite impreciso que sostiene el universo?

Melancolía de un día perfecto

Aquí fuimos dichosos una vez
y la alegría fue perfecta ese día en su pura luz.
Las manzanas quedaron en el aire sin oxidarse
        nunca,
jamás hubo caída.
¿Qué se siente en el dolor que no se siente?
¿Qué señala la vida guardada en los retratos?
¿Qué enemistad separa lo que no sucede?
Prepara un largo viaje,
con los mismos movimientos que cuando te
        quedes, prepáralo.
Siempre habrá un infinito distante
si te quedas o te vas.
Estamos tú y yo en aquel jardín que no es el nuestro:
¿no es que las cosas hablan su puro silencio?
¿O como en un sueño nos dejan siempre su
        orfandad?
¿Dónde queda el tiempo del corazón humano?
¿Dónde está el lugar que nos espera?
No son la calle, el patio o la esquina...
¿Dónde se agitan las estrellas muertas?
Tuve tantos ojos para nunca verte,
tantas formas de mirar adentro
como si mirara mi propio eclipse.
Prepara tu largo viaje para quedarte solo.

Prepáralo
y que la memoria nada sepa
en esa lucha desigual con el olvido,
al fin siempre viene la noche.

OCTUBRE

Por fin el tiempo gira
en la danza del solsticio.
Hay tanta madurez,
tal dulzura
en los ojos pervive.
Encanto de estas horas,
señaladas por el sol y por la abeja.
Ahora que todo se inclina
hacia su propia gravedad
y el fruto se dilata
en la levedad del aire.
Fuego encendido en otro fuego,
no te den pena el hombre y su miseria.
En los ojos revive aquello que el corazón
nunca condena.
Algo fragua la carne,
duerme la tierra y luego la despierta.
Silencie ahora su tambor el tiempo,
que lo que en estas horas dé su salto,
sea después un caer enamorado.
A veces,
sólo a veces,
ese caer sabiendo,
podemos medirlo con palabras.

Pensar en Lao-Tsé

Algo imposible habita en cada hombre,
una construcción permanente y también su
    contrario,
la destrucción indefinida.
Este cálculo escapa a todos los sistemas y medidas.
No somos libres,
lo de abajo agita a lo de arriba,
vivir es como estar en un mundo paralelo
caminando confiados con fines opuestos.
Siempre hay un salto en el centro de la vida
que nos une y nos separa de todo.
Allí uno es el testigo de todo lo que uno no es.
Ya no se confunden anhelos con certezas.
Habitamos un ánfora sin tiempo junto a un genio
    cautivo
donde conviven desde siempre creación y
    destrucción
en la delgada piel de un ser humano.

Sobre la antigua lumbre

La magna rosa estuvo siempre a tu costado
sumergida en lo profundo del sueño.
Tuya y desconocida al mismo tiempo.
Pero apenas tus manos la tocaron…
¿No has sentido caer a sus remotos pétalos en el río
    del tiempo?
Hace años dije: somos movimientos de la luz,
criaturas dibujadas por la luz en los márgenes del
    sueño.
Y ahora escribo, aún reclinado ante la antigua
    lumbre,
buscando sin razón. Donde habita la negrura del
    mundo,
donde el hombre no resiste, investigo la miserable
    pica
que perfora el corazón de lo amado.
Allí voy, palabra leve… para que la luz sea
y el corazón se abra rendido ante la antigua rosa.

Caleidoscopio

El poeta

El poeta está hecho
de todos los hombres.
Vive de todas las vidas
y muere
de todas las muertes.

POESÍA

Al fin supe
que nuestra orden
tiene un templo
que nos deja solos
frente al muro del mundo.
Entre rituales en ruinas
y largas horas
de lamentaciones.

La poesía tiene alas

Abrazar el vuelo
de un pájaro
junto a la gravedad
de la Tierra,
para que la Tierra
pueda volar y ser pájaro.

El maestro de arte
vio la unidad del vuelo
junto al peso del mundo.
Su gravedad y su gracia.

Para que la piedra
sea un pájaro que canta
en el alma del hombre.

Así todos sabremos
de dónde viene el canto
y los dolores que lleva.

"Este es el peso del mundo", dijo la poesía.

Desde entonces,
ella tiene las alas
del sueño de la Tierra
y el canto de los hombres.

On the Road

No te mueras, hijo mío,
la calle está muy fría.
Acá nunca seremos nada para nadie.
Este mundo es una casa llena de fantasmas
y ni Dios se conoce a sí mismo.
Llamo del lado del dolor
y responde una voz metálica de Oriente
o la trompeta del último juicio:
presione dos en caso de urgencia,
tres, cinco (o muera sin ser atendido).
Y esa música de Scott Joplin
destrozando mi cabeza:
y pulse nuevamente tres
para confirmar su identidad.
Todo esto, en esta calle infinita,
vía dolorosa
de los desesperados,
igual a otras infinitas calles
de este mundo,
con gente acechando
para ver el color de la sangre
que es igual a la de todos.
Así se ve volar la vida
en "American Beauty",
así nos cruzamos por miles cada día,
así es la hora de las anónimas matanzas.

Grito como loco: ¡no te mueras, hijo!
Que ya pasó la mitad del bombardeo
y vendrán las sirenas de nácar
con barbas de algodón
de reyes magos.
No te quieras morir en esta calle
cierta e inapelable.
Te llamo hijo o camarada,
el nombre secreto
con que llamaba Whitman a un soldado moribundo.
Como si este lugar de nadie fuera una página perdida
de "Drum-Taps"
sin ningún heroísmo.
La humanidad
siempre ha sido lucha eterna.
Te tumban, te cuentan hasta diez
y nadie te levanta.
Estás muriendo a la vista de todos
ya no hay droga que te salve.
Cuando pasen las horas del derrumbe
y las horas siempre pasan
y queda el hueco del derrumbe.
Pueden ser mil años o unos minutos,
yo te amo tanto, camarada.
Amo tu martirio.
Soy tu testigo ante la vida,
ante la muerte.

Chet Baker

¿Cómo se hace para ser Chet Baker?
Estoy tratando de descifrarte Chet,
en notas dolidas y susurrantes
tras tus dientes rotos en batalla,
pero algo no me deja entrar en lo doliente, algo dentro
      de mí.
No hay palabras para ese tiempo sin tiempo.

Te inyectas
y miras las formas de la vida
como un pez gigante
mientras a tu costado está pasando el mar entero.

¿Quién camina por esas terrazas de cemento
observando su follaje alucinado?
¿Quién oye el chasquido que envuelve la vida en un
      papel de celofán cuando se abre?
¿Quién escucha a las ramas desnudas
desde los elevadores?

Tu mundo es de nervios y luces
desde la tristeza the 298th Army Band,
tenías la esperanza de un purísimo nirvana de azúcar
y de mostrarnos la ilusión mayor,
que todo es un samsara musical donde vegetamos.

¡La bella ilusión que nos crea y nos levanta!
¡Eso es la música!

¿Cómo se hace para ser Chet Baker?
Es toda una triste declaración de amor,
bajo un cielo que nos conoce de antes
donde el que escucha no debe ser el mismo.
Porque la música sucede siempre en otra parte,
improvisando el tiempo de la vida,
pero de otra manera.

Vivirás

Construirás tu casa
en este mundo.

Olvidarás tu antiguo nombre.
Aquí todos nacimos
para olvidar nombres amados.
¡Sin duda, vivirás y olvidarás!

Manos que nos sostienen.
Alguien alza nuestro
cuerpo recién bajado
de una cruz.

Sólo es real la carne que pregunta
"¿qué has hecho de tu vida?".
Sólo el cuerpo
que puedes donar a los lobos.

La humilde rosa
que dejaron caer
sobre tu pecho.

Tu tiempo,
hecho de arena
y el oro de la alquimia.

Las arduas palabras
arrebatadas a la muerte
son tu morada.

La vida que no es vida
sino transfiguración.

La vasta tierra
es la casa del hombre,
los efímeros nombres
son todos los hombres.

La vida entera
es nuestro albergue.

Hay que aceptarlo todo
y dejarse caer en el amor.

El resto es nada.

Un día como hoy

Un día como hoy cada hombre fue universo
y el mito gobernaba las estaciones de la vida.
Lo que era Dios y lo que eran hombres y
      animales,
guardaban sus distancias y acercamientos iniciales.

Dios se hizo hombre,
el hombre se hizo Dios
y todo se disolvió en explicaciones entre los dos
      mundos.

Un día, el barro moldeará de nuevo
sus criaturas de alfarero iluminado.

El que abra los ojos abrirá los cielos,
para poner en orden
nuevamente,
el vuelo errante de la vida.

Miro un trozo de ámbar
que traje del desierto,
puedo sentir en su latido,
vivientes aún,
las sagradas estaciones de la Tierra.

De pronto,
el canto de un jilguero...
Todo se detiene
entre cañas inmóviles.

¿Escuchas?
Son las voces de la Tierra.
La vida, encerrada nuevamente,
adentro de la vida.

Concierto de verano

Las tardes nos reúnen
en el banco del patio.
A veces sopla un gran viento
y trae el amanecer.
Cuerpos que abraza la arena
canciones que olvidaron su música
y nos queda el mar para recordarlas.
Así son nuestros veranos allí,
llevando a nuestros amigos muertos
con sus hermosas mujeres
que se derritieron en el cementerio,
que aún cargan todavía
con las promesas que rompimos
y los viajes que nunca hicimos.
El agua dulce está en mi alforja,
el aguardiente blanco
aún espera como la leche.
No tienen historias para contarme
porque yo todo lo he vivido.
Así se siente el silencio
como un testigo avergonzado
de que una vez existieran
estas cosas.
Desde hace años,
el clima está cambiando.

Sólo que ahora asusta
pensar que cada año más
y más nos está pesando.
Creo que me rendiré
y me iré
sin decir que se cancela la reunión,
pero cada año los encuentro allí
en el patio modesto con la cabeza gacha
y siento pena por ellos,
tan desiertos.
Ellos son mis hermanos
de la vida.
Donde bajamos
algo siempre se pierde
o está cayendo
lentamente
dejando semillas en el suelo,
o un vaso de café sin terminar.
Así es como nos sentamos bajo el patio blanco
y esperamos juntos la última canción.
Nos vamos a dormir ahora.
Ven a buscarnos
la vida es un sueño
un viento dolorido
que hace que madure la magnolia
y tire su sombra perdida
entre las calles
donde el sol se pone lento
en cada noche.

La Belleza

Lo bello es tan fugaz
que se comporta como eterno.
¿Y qué es la belleza?
¿Acaso la ilusión de una estrella en la infinitud del
 tiempo?
Vemos lo que no sucede
y luego tenemos que argumentar sabiduría.
Belleza infinita
sin terminar jamás de construirse.
¿Cómo hacer para que el instante contenga
perdurable el sentido de lo efímero?
Lo bello es el otro lado de lo bello.
Su finitud incandescente irradiando el sagrado magma
 de la vida.
Veo al anciano Pound ya encanecido,
señalando que es verdad lo que escribo en estos
 versos.
Lo perdurable es el abrazo con la sal,
el resto es contemplar la decadencia de la vieja estirpe.
En este tiempo, quien señala lo inquietante, siempre
será vencido.
¿Qué miraba Pound desde el ajustado vano de su
 ventana de loco?
¿Acaso la usura, en medio de la polilla y el
 éxtasis?
¿Qué ojos abiertos aún a esas horas tan crueles, en

la mitad de su noche?
Bajo su sombrero ala de cuervo,
una perdida edad de oro de una mentida historia.
Un velatorio de flores de palabras aún sin cultivar.
¿Qué rostro es ese rostro que trueca en cantos, la rama
del olivo?
¡Oh, pecado contra natura!
¿Qué puerto es Venecia en este mundo, aún sin
     descifrar?
La niebla del hombre junto a un león que duerme en
     mármol.
Si abres la ventana bajo la lluvia,
verás su estrella antigua
y de igual modo, ya sabes que durará sólo ese instante.
Todo lo bello, lo terrible, está muriendo.
Y cuando la belleza muere
se convierte, más tarde,
en las bellas ruinas de sí misma.

Parque de los sueños

"No sé qué traerá el mañana"
fueron las últimas palabras de Pessoa.

Sus ojos de argonauta
vieron lo múltiple del ser.
El declinar de lo viviente,
en el desierto de los dioses muertos.

Cosmopolitismo
que encanta y desencanta la entronizada razón.

Cuando la superficie deja ver el fondo
es preferible el arroyo de la aldea.

Y no recordar
el tiempo en que se celebraban los cumpleaños.

Heisemberg
vio en este mundo la grieta de otro paralelo.
¿Y si fuéramos espejo de esa luz?

Este lugar sería un paraje en fuga
y el hombre su morador imposible,
un desconocido de sí mismo.

Siempre es igual:
crece lo real y
muere lo verdadero.

De todos modos,
nadie se cae del universo
ni escapa de su tiempo.

¿Habrá un eterno Estévez en cada una de mis
      pesadillas?

Tabaquería del alma.
Monótono universo
ya sin metafísica.

Monólogo con Pessoa

Estar aquí no es más que una suma
de sueños y costumbres.
Vivir sucede siempre
al margen de vivir.
A veces me llamas y me salvas.
Y cuando me nombras
soy lo que imaginas.
Entonces todo vuelve a su lugar,
cada letra a su palabra.
Así es como supe lo cierto y
dudé porque todo es incierto.
Que cada cosa es otra
en un raro más adentro,
desdoblado en los azahares
de infinitas consecuencias.
Somos engañados,
el tiempo se nos parece demasiado
y está hecho de nuestras imposibilidades.
El presente dice que es ayer,
el hoy que es el mañana.
Sólo nos queda esta línea terca
de tiempo continuo
que se irá con nosotros para siempre.

Friedrich Nietzsche

El amor, miel de tinieblas, te ha dejado.
Amar siempre está más allá de todo bien.
Ahora conoces la suprema ebriedad: las breves
nupcias de un fuego encendido en otro fuego.

Nadie se reconoce en el gesto de sus muertos.
¿Quién carga por ellos las últimas piedras del dios que
se derrumba?
No hay umbral que espere al gran viajero,
su destino siempre irá al desierto.

¿Podrán reunirse otra vez demencia y claridad?
Un ser altivo más allá de las balanzas,
aire de bodas en las sedientas venas.

¡Ah, vida sin osadía!
¡Razón sin osadía...!
¡Qué raro bien es este,
que ya no puedes con la pura dulzura del aire!

El sol arde en tu pecho como raíz amarga
y este instante eterno enciende el aire de rara felicidad.
¿Hay batalla más terrible que el eterno retorno?
¿Acaso eres ya el último hombre?

Has huido de la casa de los sabios,
ya escribes sólo con tu sangre.
Puedes danzar ahora como un dios alucinado
la belleza es tan insoportable
como la vida eterna.

Dolores

Hay corazones
que aprendimos a amar
como cartas abiertas,
sólo para decirles adiós.

También hay mesas
que no se pondrán jamás.

Donde la luna planteaba
la amistad
quedan las ausencias.

Ninguna vida se escribe sin lágrimas.

¿Qué corazón
puede albergar tanta pena?

Una rosa negra
es la noche del mundo.

Puertas que cruzamos
y que ya no se abrirán.

Verdugo que entró
para matarnos.

Esplendor de la niñez
fluirás eternamente
porque la vida vence
aún con todos sus dolores.

Manual de asombros para mirar los árboles

Amo los árboles
porque son diferentes de todo lo pensado:
la casa del cielo en la tierra y de la tierra en el cielo.
Hay noches que toman formas imposibles
y se anudan a las estrellas con sus copas,
instantes que me pierdo
y me encuentro en ellos.
Soy una parte de su eternidad
y estoy en un lugar perfecto.
Una vez,
el espíritu de la felicidad vino por mí
no sé si mi nombre fue anotado o borrado
de la casa de un dios vivo.
Desde entonces esa percepción
me une y aleja de todo.
En viejos tiempos solía brindar con amigos
por la alegría de vivir.
Ahora la alegría de vivir es estar aquí,
algo que sucede y se cae de las manos, abundante.

Vuelo de polilla

Una polilla dorada es buen presagio,
ellas tienen siempre una vida anterior
y mutan volando en su propio encantamiento.

Así es la vida,
un vuelo mágico,
una carta con buenas noticias de alguien lejano.

¡Ah, las polillas doradas!

Venían de noche a los candiles de aceite
y golpeaban en el cristal que guardaba un pábilo
      de luz
chocando y chocando sin rendirse.

Hasta que se eclipsaba la pequeña luz
dentro de la luz del alba.
Así es como todo aparece y desaparece,
mientras algo más grande
nos ofrece un ritual esperanzado.

APERTURA HACIA EL VOCABLO

¿Acaso callar será sólo silencio?
¿Y hablar será el silencio que habita en la palabra?
¿Quién abrirá la última puerta?
¿La puerta que está detrás de todas las palabras y las
    puertas?
¿Será el silencio al fin?
¿O está en nosotros la viva voz callada?
¿Esa que nos encuentra o que encontramos cuando
    todo nos deja,
cuando no queda nada?
La vida entera se busca y se oculta en el vocablo.

Perfumes del agua

La corriente del agua es helada
como la noche oscura de los ojos de los peces.

¿Quién quiere ver la luna en la noche sin tiempo?

Dos niños nadan en lo profundo
una nada los crea y otra los sostiene.

¿Dónde está la tierra firme?

La noche es sin orillas,
tiene aromas de aliso y miel silvestre
almizclado aliento de la tierra en el agua.

Perfumes del agua…

La orilla es tan lejana
que nadie sabe si cruza o llega,
no hay retorno
a los arenales del Puntazo.

Las aguas llaman desde su imantado abismo.

¿De qué lado está el cielo en lo profundo?

¡No pudimos soportar!
¡La belleza hiere más que la crueldad!

Siempre se espera el fin
de los que nacen con doble luz en la mirada.

Ese doble ser
que ve caminar juntos
el amor y la muerte.

Sé que te has cruzado a islas secretas
donde todo se pierde a plena luz.

Y que parecías en paz
como un señor al lado de su eterna amante.

Alba

Si un dios alado
descendió
y se posó en mi alma
nunca lo sabré.
Puedo mirar atrás
y ver la vida que me fue prestada.
El tiempo sólo nos deja ver
lo que se lleva para siempre.
La ilusión de que todo es inútil
obliga a intentarlo todo inútilmente.
Mientras parece que el mundo se destruye
y se construye cada día
ante nuestra mirada.
Me levanto con el alba
para leer lo que escriben los sueños
en los bordes de mi vida.
Ser humano
es ser frágil memoria
que ve morir
las simples conclusiones.
Corazón de lo viviente,
tinta del alma,
no me abandones...

Como el pan de cada día
casi avergonzado.
El resto lo doy
a quien lo necesite.
Siempre hay alguien esperando
igual que yo,
que suceda lo imposible.

Dice el hombre...

Cuando yo estaba aquí,
Dios estaba ausente.
Ahora Dios está presente,
pero la senda se hizo estrecha
y cuando el uno pasa,
el otro debe retirarse.
Así,
Dios y el hombre
transitan un solo camino:
el de las mutuas ausencias.
Cuando Dios es la medida de todo,
el hombre no encuentra espacio para vivir.
Y cuando el hombre se cree Dios,
la vida sufre de una brutal nivelación
y Dios nuevamente se hace ausencia.
Así, pasamos nuestro tiempo
en eternas discusiones
sobre dos mundos
y en un solo camino.

ANTROPOLOGÍA

Hay muchas vidas dentro de una vida,
nos vamos cruzando en los espejos
como una luz sin dueño.
¿Cada cuál tendrá su noche de Walpurgis?
Por pura conjunción de espacio y tiempo.
Se nace hombre o mujer
en la casa común del ser humano.
Una improbable identidad
nos da la convicción de ser los mismos,
pero bien podría ser de otra manera,
podría ser el fin de uno y el comienzo de otro.
Y quien se estreche en otra mano,
se estrechará a sí mismo
porque acaba recién de conocerse.
Hay días en que la vida nos mira en otros ojos
para poder recuperarnos.

LA MUSA INFIEL

Alguien debe hacerse cargo del tiempo perdido:
el tiempo es una musa infiel,
bien lo sabemos.
Una palabra clara nos cuesta mucho más
que un poema desolado.
Defendemos una tradición de gran fragilidad
y a la hora de partir
nadie sabe bien quién está del otro lado
de un poema.
En la delgada línea de una hoja de papel
como en el filo de un puñal
cabe la vida entera,
el resto es nada.

Unas pocas palabras claras
y el resto es nada,
sólo palabras vacías para corazones muertos.

¿Es esa la medida de todas las cosas?

Cuando fallan los contadores de palabras
-y los contadores siempre fallan-
empezamos a saber si somos la respuesta
o el problema que la impide.

De unas pocas palabras bien escogidas,
un poeta extrae su paraíso,
tiene como único recurso la belleza.

Soñé con un desconocido
que escribía estos versos.
¿Acaso es el hombre que yo habito?
Sólo con él podía ser solícito y amable,
abrirme y acogerlo como a un huésped,
rodeándome de vida en un laberinto de dicha común.

Es bueno reconocerse y olvidarse en otro.
"Sé quién eres", me dijo:
"la tan temida nada".

Al fin supe
que nuestra orden tiene un templo,
que nos deja solos
frente al muro del mundo.

Entre rituales en ruinas
y largas horas de lamentaciones.

En la intimidad de la creación
la vida encierra su secreta musa,
para mirarse en un desconocido
que la ame.

Pensamientos de Arthur Rimbaud

Nunca he amado
al hombre,
sólo amé
la sed que lo devora.

Túmulo
de arena y sangre
sin otro mandato
que el olvido.

No he visto otra cosa
que no sea desierto.

Una vez
tuve el improbable
anhelo de ser otro.

Amé también la sed
que penetra arrogante
las fauces de lo incierto.

En cada línea
de mis manos
ardió la llama del exilio.

Mi corazón,
pústula herida,
resistió detrás
de todos los adioses.

¿Quién impuso en mí
esta voluntad
de consumación y olvido?

Muertos
tus bellos dones,
juventud,
la Tierra entera me fue inútil.

El mundo está herido
de finalidad.

Nadie ha resistido
como yo
la ardiente desmesura
de sus últimos límites.

Allí, donde la vida
acomete
y se agita sin tregua
y sin afanes…

Después, he malvivido.

Y me agoté sin piedad
en el vientre de todas las furias.

RUINAS

No es que haya perdido
mis últimos sueños
viendo morir
como insensatos
a los viejos amigos.
No lo sé
con seguridad,
pero así es como se fueron
los años más preciosos
de mi vida:
contemplando el desastre.
No he tenido que traicionar a nadie
ni desertar de lo que siempre amé.
Sólo fue mirar por el agujero
que deja este tiempo
entre sus ruinas.
Contemplar el vacío
que mata las altas
ilusiones humanas.
Y ver cómo el mundo
se destruye
sin piedad a sí mismo.

El vocablo

El lenguaje asoma en el vocablo
cuando nos dice
lo no-dicho.
Así aprendemos a hablar
en el silencio de entender.
En ese diálogo
se encuentra lo indecible:
aquello que no es oído ni dicho.

Escuchar lo que no dice en lo que está dicho
es abrirse al lenguaje,
crear la posibilidad del otro
la invención del otro.

El vocablo despliega su complejidad
venciendo su ajenidad
y lo vemos aparecer
como un "nosotros".

Es él quien escucha
para crear lo nuevo
haciendo el silencio de entender...
Toma poco tiempo hablar con fonemas,
toma toda la vida
aprender a escuchar

la palabra en el lenguaje.

Así, vaciarse de sí
camino al otro,
camino al hombre que habita en el poema.

Amor

Mi amor
construye todo
así es como sale
y habla con los pájaros.
Sin embargo
mi amor no me abandona,
muda la piel
respira en un grano de polen
y se abriga en las alas
del que tiembla.
Mi amor es un ave Fénix
que cada mañana
se despierta entre los muertos.
Unicornio de la tarde,
dragón en la noche de luna.
Mi amor huye de mí
porque sólo pertenece a la vida.
Pero no me deja morir
así lo atestiguan
mis inútiles combates.
No puedo,
no sé escribir nada
ni estas pocas palabras
sin tu ayuda,
mi amor, mi amor...

PÁJARO

Ese pájaro extraño
cada vez que me sentaba...
Lo veía con mis propios ojos
dejando la jaula
y milagrosamente volando.

Lo llamo,
le ruego que regrese
no me oye.

Anda por la casa
vuela a mi alrededor
canta
mirándome por las ventanas
contemplando
de ventana en ventana.

Nadie lo ve
nadie escucha.

Hasta que me despierto
y lo encuentro dormido
a mi lado.

Hemos soñando juntos
seguramente
con una vida en libertad.

ENUNCIACIÓN DE AUSENCIAS

¿Se cayeron los nombres de las cosas?
¿Hay que buscar lo imposible para hallar lo posible?
Es como si Dios se hubiera ido en busca de su
      ausencia…
En cada vocablo humano hay un camino
que ya no va al original
sino al regreso.
¿La muerte también miente diciendo que es la vida?
El vocablo termina nombrando lo innombrable
como si fuera una enunciación de ausencias.
Toda noción de verdad
está muriendo de sí misma.
El sentido se muere de sentido.
¿El hombre se morirá del hombre?
¿No habrá entonces un lugar para el encuentro?
Un lugar donde reunir todos los cansancios.
¿Algo así como un perdón?
Para nombrar lo cierto
y arrebatárselo a lo incierto.

Soy amado por lo que odio y odiado por lo que amo...

(Atribuido a Calígula)

El ojo de la mosca lo vio todo pero todo fue inútil.
Vio que el amante es odiado por lo que ama
y amado por lo que desprecia.
El ojo de la mosca es sin historia,
no sabe qué es la humillación ni a quién humilla.
El ojo de la mosca no sabe nunca,
si nos sepulta el polvo de oro de una estrella o la lacra
      del mundo.
Con los ojos de una mosca nunca habrá justicia
ni se abrirán nuevamente las aguas del mar Rojo
con poesía.
El cielo se angosta en sus pupilas hechas sólo para
      defenderse.

¿QUIÉN EN LA NOCHE DEL MUNDO...?

¿Quién en la noche del mundo
vela a un dios desconocido?
Una mujer está muriendo en la sala de enfrente,
ella no sabe que alguien la contempla,
la está llamando un amor que no traiciona
ya sea sólo una sombra quien la nombra.
Ella tiene un nombre ahora
y alguien que la llama.

En un momento, todos tenemos un nombre
inalcanzable
y más tarde somos perros de la calle.
Es tarde-noche,
y una flor se marchita en agua mineral.
Este mundo es terrible
y espantosamente bello.
En un instante cae la noche
y ya no somos nada para nadie.

CARTA

Me gusta
describir estados
de la vida
como una pintura
que irradia la luz
en otro tiempo.

Casi dormido
voy a la cama
como un muerto
devuelto por las olas.

Soñé que pegaba
cada uno
de los sueños de mi vida
cortados como papeles
en blanco y negro.

También recuerdo
haber soñado
con un transatlántico,
como nunca he visto
y que no veré jamás.

Un pez enorme
flotando sobre mi vida.

Me he despertado,
leí tu escrito con gusto
a sal de otros mares,
prueba de que el mundo es vasto.

¡Las cosas que vemos
y damos por ciertas
parecen un juego de niños!

Tal vez el mundo es así:
una pura ilusión,
pintura transparente,
cierto como incierto
al mismo tiempo.

Mientras
aún es domingo,
son las 16.25
de una tarde cálida
en plena primavera.

Enunciación de las posibilidades de una mañana

¿Y si todo aquí ya hubiera pasado, ocurrido en otro tiempo?
¿Y si esta mañana soleada en la hierba, los pájaros,
el gato, el café, se desplegaran en una fragmentación
      infinita?
¿Y si vivir es algo que siempre debe suceder al margen
      de vivir?
¿Si no hubiera más que una mañana interminable
con un sol que nunca tendría crepúsculo?
Pero, ¿qué pasa con el gato, el lirio del valle y la línea
azul del cielo desgarrado por las nubes blancas, tu
      corazón y el mío?
¿Se sentirán unidos?
¿Podría esto ya haber pasado y lo que queda nunca
      sucederá?
¿Se sentirán irremediablemente unidos?
¿Nosotros, un alfabeto vivo?
¿Y si todo el universo es múltiplo de un solo lenguaje?
Luego los momentos, los fragmentos, de un cielo
      rasgado y azul.
La mañana del lirio del valle, el gato,
¿tú y yo nunca nos perderemos?
¿O seremos salvos entre otras formas del tiempo, en
      la fuente secreta de la creación?

Todas las ilusiones, son tan estrictamente ciertas.
Hay momentos en que las palabras se sienten como
    la lluvia dentro de la lluvia.
¿Y si el tiempo vuelve y crea semillas de sí mismo?
Y con su fertilidad cualquier cosa puede volver o
    florecer.
Es así como cada mañana vivo,
ayudando a construir en la oscuridad de la creación
imaginando que todo es eternidad.
¡Tal vez todo sea eterno por ninguna razón!
Perdidos en algún lugar de mi otra vida
me buscan rostros olvidados,
(pájaros que arrasó la tormenta).
Tiempo que das o quitas
casa del cuerpo que aún esperas,
riqueza que tuve y me retuvo.
¿Dónde iremos por este sendero tan estrecho?
Llega la hora del crepúsculo y me ahogas.
Años de furias y dolores que fueron mi sostén,
ahora son la evidencia de que el mundo es vasto e
    ilusorio,
deriva de aventuras e infortunios que lavará la tierra.
¡Vida, dame esa calma extrañada de sí misma!
Sólo porque nos dispersamos como las estrellas
o desaparecemos como la lluvia dentro de sí misma.

Tía Doris

Entre nosotros la vida siempre fue distante,
bajo el cielo del sur todo nos une
      y todo nos separa,
con esas distancias hacemos finalmente cercanías.
Tantas estrellas allá arriba,
      pero en el alma ninguna conocida.
Nosotros fuimos esquivos de amor convencional.
Pero al fin puedo verte, puedo imaginarte,
despojada ya de todo tiempo.
Sé que no hay orden en las cosas posibles,
sólo perviven secretas islas
      de lenguaje deslumbrado,
allí donde hubo el tono de voces veneradas.
Tengo la dulce impresión de haberte conocido
en un cara a cara junto a tu gran pedagogía.
Cada uno es un poco del otro y es tan poco
que se embriaga de esos venenos que no matan
pero señalan la caducidad del tiempo.
Hay una vieja fotografía
donde pareces Ingrid Bergman,
te ves inmaculada junto a tu máquina de coser.
En el fondo se ven tus viejos libros,
entre pulcras ropas ya olvidadas.
El limonero señala que es próximo el invierno.

Al fin, ¿qué importa el tiempo?
    Cuando todo se cumple
y morir es un detalle necesario,
como decir adiós o mañana nos vemos.

Después de una lectura de Emmanuel Levinas

Lo real
es lo que queda de un hombre
después del sueño del conocimiento.
Reunir esos fragmentos
es leer las manos de Dios
en su día cero.
Vuelto el rostro
en un curioso más adentro
donde la pregunta
es el otro irreducible.
Pararse de nuevo
ante un huevo
o una semilla,
antes que sean
otra vez
el pájaro y el árbol.
Cada día tiene algo del último
donde toda construcción será ceniza.
Menos esta visión esperanzada
del tiempo entre las hojas
que hace que las frutas
se caigan de maduras
y que al abrirse la noche,

con el alba,
podamos volver a interrogar
lo que ha quedado.

MI HERMANO

Mi hermano duerme
acurrucado junto a la cama anónima
donde murió ayer un hombre
mi hermano es la noche
con un ojo abierto.
Y ahora
en el pleno sol en la sala
todo se deshace en luz
todo se cierra y se abre
al mismo tiempo
que la respiración del universo
con todos los cansancios.
Es terrible la noche
de los hospitales.
Es insondable
el corazón del hombre.
Hay un paso
entre este instante y la vida
un paso afuera
y es demasiado lejos.
Mi hermano entra
y sale del tiempo.
El universo entero hace lo mismo.

FRAGILIDAD

Los muertos mueren
y en ese doble morir
mueren los vivos.
Ojos acosados por tanta fragilidad.

Confinados en tristes hábitos cotidianos
los hombres mueren,
el mundo falla,
las palabras traicionan.

¿Por qué será que respirar
es aceptar esta terrible falta de aire
que separa la vida de su propio aliento?

El silencio escribe aún
la carne pensativa...

Habitamos ese lapso prodigioso
que divide un idioma hecho de adioses
sin el cual la vida es nada.

El tiempo perdido

¿Por qué regresamos donde la carne es sueño?
¿Quiénes somos los unos en los otros?
¿Acaso bocanadas de la naturaleza?
¿Sombras dispersas dentro de un mismo espejo que
    nos estalla en sueños?
¿Abrimos puertas mal cerradas tapando la boca de los
    muertos?
¿Las deudas del amor o los crímenes del alma?
¿Está en nosotros la expiación o se marchita para
    siempre?
¿Soñar está más allá de todo bien?
Aguardamos pacientes ante la quietud de los
    sepulcros,
pero otra vida se agita ensimismada en los cambiantes
    sueños.

¿Sombras dispersas dentro de un mismo espejo?
¿Somos esa cercana lejanía que nos estalla en sueños?
¿Abrimos puertas mal cerradas tapando la boca de los
    muertos?
¿Las deudas de amor y los crímenes del alma?
¿Está en nosotros la expiación de todo mal o se
    marchita para siempre?
¿Soñar es un más allá de todo bien y todo mal?

Sólo aguardamos pacientes ante la quietud de los sepulcros,
pero otra vida se agita ensimismada en los cambiantes sueños.
¿Vivir es acaso esa continuidad que nos conoce?

En memoria de mis padres
José Berenguer y María Yensina

Dijiste: "¡Dios mío, qué hago!"
Abriste las puertas del abismo y te lanzaste.
Yo que nada supe sobre tu vida,
sólo te conocí en la desesperación de la caída.
Desde una tierra lejana y sin promesas a otra
donde hoy te pudres.
Tiernas y ligeras rosas
abren las puertas de un abismo a otro
tal como nosotros,
puertas abiertas o cerradas,
entre vida y muerte.

Carta para Michela

A veces no hay palabras
para describir una semilla en su vuelo del aire.
Pero hay que intentarlo todo,
como si todo fuera posible,
necesario y para siempre.
En caso contrario: aprender a morir a cada instante
o vivir como inmortales, con la misma osadía.
Dibujar el sol con palabras amadas
para ayudar a iluminar la oscuridad de la creación.
Como si al fin todo dependiera de nosotros
y al fin todo depende de nosotros.
Bien sabemos que la vida se hace grande
en lo pequeño y pequeña en lo grande.
Lo trágico y lo bello
      se suceden como partos urgentes.
Vivir nos deja su furia y su ironía
y esa ternura que siempre resiste.
Aquello que no tiene remedio y la esperanza
se anudan en nosotros,
y nos dejan esta frágil humanidad
tan necesaria.

NIÑO DE LA LUNA

"No te alunes, hijo mío
no sabes qué es la luna"
decía mi madre y me tapaba los ojos
como si la luna hiciera daño para siempre.
Después conocí su magia,
luz de plata del hombre
donde cielo y tierra se entrelazan,
el mundo lunar se hizo ciencia y romance.
Entre las mareas nos modelan
las cabriolas sagradas del amor,
la obediencia de los santos animales,
las danzas de los hombres,
los signos terribles de la guerra;
todo bajo un cielo lunar.

Serás, finalmente, la escritura.
Para librarnos y unirnos para siempre.

No diré más
una palabra, madre.
Entiendo lo que dijo Federico,
sus premoniciones de plata y de sangre,
mucho después del ángel de Leopardi.

Miraré fijo a la luna y callaré para siempre.

La Casa de los Ecos

¿Recuerdas la casa de los ecos?
Ese oráculo blanco junto al río Paraná
perdido en un rincón del parque Alem.
Toda mi infancia preguntando al otro imaginario,
que devolvía esa voz propia y ajena.
Los que han nacido
con ese grito en su garganta.
Saben que del eco de uno nace el otro
como Dios nace de la palabra Dios.
Se vive de esa voz como de un sueño.
Cuando esos susurros cesen para siempre,
cuando esas voces nuestras y ajenas
nos abandonen:
¿qué será de nosotros?
Ahora que se fueron los años asombrados.
Y los absurdos de siempre nos dan la mano del
      pésame.
Destiempo que entrecruza vidas y propósitos
como marionetas.
Un mínimo esqueleto puede sostener la piel y las
      nubes.
Mas el poder nombrar ha sido dado al hombre,
¿quién puede soportar esa pérdida?
Si hasta un loco no tiene otra cosa que certezas.

Cada cual piensa ser esto y es lo otro,
lo opuesto es siempre la mitad más incierta.
En tiempos remotos, escribió Lao-Tsé:
"las cosas o se multiplican por minoría,
o se aminoran por mayoría".
Cada hombre sin ser inmortal era viviente pregunta.
Así crecieron las artes y disminuyó la codicia.
Ahora la música de los bárbaros
cerró uno a uno los agujeros de la flauta mágica
y los amantes eternos como Pamina y Papageno
se han refugiado dentro de su fábula.

La crucifixión rosada

¡Ay, carne de morir en otro!
Alguna vez toqué la cítara
de tu vientre enloquecido.
Me acompañé y me cegué de ella.
¿Qué dijera tu carne, qué dijera...?
¿Qué dijera la ligazón de un solo cuerpo?
La carne,
¿qué es la carne?
¿El sueño de la especie entre dos nadas?
La tensa carne
hecha con todos los pétalos
en una sola cuerda.
Al crucificarme,
una mujer lamió mi cuerpo ensangrentado,
tan fea,
tan loca,
tan necesaria.

¿Acaso Dios fue hembra y no lo supe?

En El Pireo

La pasión por lo imposible
construye lo posible,
no hay nada que perder,
si no se llega nunca.
En tiempos de destierro,
Eurípides escribió "Las Bacantes".
En Macedonia, el juego con los dioses
ha terminado.
Adoración y blasfemia
se unifican.

La aurora está en todas partes,
aun en la ciudad oscura
del Oriente
se percibe el madrigal del alba,
la locura es dulce al terminar la noche
y el amor duele menos.

Ataraxia, ataraxia
nadie sabe quién es
el extranjero.

La Historia

El cielo se hizo demasiado estrecho
      en nuestros corazones.
Después de tantos gritos,
llantos imposibles,
plegarias, corales, misas,
marchas militares,
pueblos vencidos,
llega un silencio
de aire libre,
de gaviotas planeando en el cielo.
¡La vida abierta como herida!
Sentir que el tiempo que se detiene
en la eternidad de una roca.
¿Bajo quién sabe qué mundos
se alza la mirada?
Corrimientos,
caídas,
imperios muertos.
Sólo el hombre
hace que lo posible
soporte lo imposible.

Oblivion

Esa voz sorda
e imperceptible
que resuena en nosotros,
esos signos
que se acumulan
como si en cada momento
fuéramos una sola mirada
que lo dice todo.
Estos puentes secretos que nos unen
y que alimentan los silencios
y también
la mayoría de nuestras noches,
el agua, los átomos,
la existencia toda
y la invisible brújula
de nuestras vidas.
Ese imperceptible
deseo de ser otros
a través de nosotros
que nos llena de posibilidades
y quizás
o tal vez…
Esta voluntad
que mueve montañas,
esta sed tan especial

de elevación.
Estas heridas que nos acompañan
y que hacen de nuestros actos,
su razón de ser.
Estas amistades profundas e inexplicables
estos encuentros efímeros
que no se olvidan jamás,
ese clic donde de repente
uno se siente tan capaz
y tan incapaz.
Esas ausencias
que uno lleva en sí
como presencias.
Ese imperceptible don
que se desliza
en nuestros ser
y nos llena de posibilidades
quizás
o tal vez...
Esas crisis que se viven según las edades,
esas temporadas
que pasan y nos hacen
y nos deshacen.
Esos errores
que nos hacen sabios.
Esas experiencias
que nos azucaran,
esos gestos inesperados en el momento justo.

Esas pequeñas cosas que nos son esenciales
como la música
que escuchas
porque aún estás vivo.
Estas emociones subterráneas
intensas y plurales.
Ese don imperceptible que se desliza
en nuestro ser
y nos hace posibles
y quizás o tal vez…

Mañana

Se aprende a desear encuentros
a soñar con quedarse un poco más
compartir el tiempo
y todo lo que nos separa del mañana
las horas, los minutos, los segundos
las minúsculas fragmentaciones
que nos convierten en mañana.

Mañana es tan lejos,
que nadie aprende nada
demasiado importante.
Si todo depende de mañana,
sólo a seguir corriendo de sí mismo
a huir sin remedio,
ni preocuparse de estar vivos por entero...

¿Por qué no abandonar la idea del mañana?
¿Qué nos deparará el mañana que no esté ya ahora?
Si la vida es tiempo continuo.
Se aprende también
a sentir todo como efímero y eterno.
Se aprende
a derribar muros imposibles,
se aprende a perder el tiempo
inútilmente.

Se aprende
que mañana es tarde
para aprender
y a no ser sabio para los demás.
Mañana es nunca
ayer es muy lejos
se vive pensando en mañana
y el mañana
es seguir
porque aún celebramos estar vivos.
Ya es hora de aprender
lo menos importante
porque todo sucederá
igual,
de todos modos,
aunque nosotros no sigamos
mañana.
Estamos a pocas horas,
a segundos
del mañana,
aprendiendo
a desaprender a tiempo.

En memoria de Mariana Wegner

No es fácil abrir la Vía Láctea
a las enredaderas de la infancia
y perderse
en su creciente vastedad.
Jazmines,
custodios de mi amor,
que fue creciendo
perdido,
en medio de los sueños.
Aún no he dicho todo,
sobre aquel niño
que liberó a su grillo
en la tibia penumbra.
Escucho aún
su susurro quejumbroso,
en noches como esta.
Juntos hemos compartido
misterios y juegos.
Sé que al fin
el uno está en el otro
y que al fin,
nos quedamos
solos
para siempre.

Fotografía

Sentados juntos
en la media luz dorada
del atardecer
de aquel verano.

Somos
la aparición
de quienes éramos entonces.

La Tierra entera
parece un abrazo
de luz o el borde de un eclipse.

No es la primera vez
que se nos vela la mirada.

Sin embargo
nunca sabremos
quiénes son los que llegaron hasta aquí
para vivir en nuestro nombre.

Tan ilusorio es todo…

Ni siquiera
por el aura indefinible

que recoge la luz
entre nosotros...

Colores
que se adelgazan
dentro de su propio sueño.

Nada retrata cosa igual
más que la pura dicha
del instante capturado.

La luz brotando
en su dorado manantial escapa del tiempo
y de los cuerpos.

Donde una vez
la vida irradiaba
la quietud serena
del amor.

¡Qué nada salga jamás de aquel instante!
¡Qué nadie sepa quiénes fuimos, ni siquiera nosotros!
¡Para siempre!

Conciencia

Espejo vasto y sin límites
la clara conciencia
es maravilla de pura reflexión:
estrellas, arroyos, la nieve sobre los pinos,
el rocío y la luna entre las diez mil cosas,
las nubes que flotan por los senderos dispersos de la
    montaña.
Ahora todo es claro y se vuelve resplandeciente
infancia,
la antigua amada que habita la serenidad;
todo esfuerzo intencional se desvanece.
La serenidad es la respuesta a lo creado,
liberada ya de todos los esfuerzos,
la mente, perfecto espejo, completa su necesaria luz.
¡Mira!
Los cien ríos fluyen al torrente tumultuoso
hasta llegar al gran océano,
esa es la pendiente y el camino.

"El amor es el soplo de un dios"
William Blake

Las paredes tienen inscripciones de un antiguo
      templo.
Otra vez,
frente a la selva misteriosa de la escritura.
Me alejo y se agita un canto en las sombras
      de un bosque primigenio.
Voy tras el canto
      y no sé si está dentro o fuera de mí.
Donde se escucha
ese estar perdido de sí
      que se siente en todo el universo.
El hombre debe estar perdido
      para cumplir su propia ley, dice el Tao.
¿Cuál es el camino para cumplir
      una ley sin mandato?
El pantano de las lamentaciones defensa oír,
no quiero morir dice:
"soy una parte necesaria".
Abandonado a la tierra que lo engendra,
el grito traspasa la materia que somos.
Un amor violento traspasa el universo.
Su grito enamorado abre todas las puertas y se va.
No reposa en el detalle.

Puede ver
>	cómo nos agitamos y rugimos como olas,

los animales y las plantas se acoplan y mueren dentro
>	de sí mismos.

Todo se detiene en nosotros humanos,
>	los más efímeros.

Quiebra los cuerpos de amor y dolor.
Amor:
¿qué otro nombre puedo dar a este empuje
>	que fascina la materia,

cambia las piezas de cristal del caleidoscopio y
>	vemos lo que permite la imaginación

y nos hace llorar y sonreír al mismo tiempo?
Ser partes de ese juego infinito…

MIRADA POÉTICA

Ese mirar constante
al centro del dolor,
ese mirar desde la mortalidad
con ojos de hambre,
fijos,
en la suprema desnudez.
Nada nos cura de ese mirar
que nos ha herido de otra luz,
que ya no conjuran las palabras.

Pero penetran como el mago en la desolación
y súbitamente,
hacen posible amar,
en medio de la miseria humana.

GIARDINO

Aun en la caída de una pluma,
la fuerza nunca abusa de la fuerza.
Ni la imaginación se libera de otro modo que
    imaginándose.
Las palabras que construyen la línea del pino,
lo rescatan de la línea del cielo.
La eternidad es la noche y la creación
y ambas son la suma de todas las antítesis.
La palabra 'agua'
en el cauce seco del arroyo,
devuelve las violetas al matorral.
La frescura de la niña del camino lleva consigo
a la anciana del camino
me sonríen y son una.
Esa curva se hace recta inexplicable.
Rescato estrellas azules - palabras
mientras el tiempo sube a la flor que se abre
y le da su gracia,
la savia que la crea la deshoja.
Tenemos la talla que nos da esa nombradía.

INTERROGANTES

¿Qué busca el hombre en el borde de su vida?
¿El olor acre de la carne florecida?
¿La voz de una palabra irrefutable?
¿Lo rígido que es máscara y conmueve?
Con ojos extasiados
perdido entre preguntas,
desprecio el mercado de consuelos.
De un abismo a otro vamos
desconocidos.

DÉJATE MORIR NO TE RESISTAS

Déjate morir, no te resistas.
No hay ecuación
que pueda construir un buen poema,
la vida entera cabe en unas pocas líneas.
Aun ante esa puerta llena de cerrojos
donde la belleza y la fealdad
parecen tener un mismo origen,
espera.
No te impacientes,
la magia puede suceder en un momento sublime
o como con Ungaretti,
al lado de un compañero masacrado.
Déjate morir
para sobrevivir en la alquimia
de un poema.
Es mucho más
que nuestra estrecha personalidad.
Aun en la intimidad de tu derrota,
depón tu vanidad...
Poco importa
la vida personal
dentro del hormiguero.
Todos trabajamos
para besar los labios de Elena
sin entender de qué se trata.

No te ahogues en una hoja de papel,
déjate morir
en la fugacidad sin dueño.

Presagios de Calígula

El tiempo sucede,
la vida ocurre.
Las promesas
se cumplen
o se rompen.

También la eternidad
se cautiva del instante.

Ya no tendré la luna,
ese amor
que me hiere
con demencia.

Y todo será igual
dioses, sabios,
miseria humana.

Por eso mis amores
son amargos
como el disfraz
o la mímica.

Por eso mi mesa
está abierta

para el crimen o la fiesta.

Ya no podré oír cantar
ni consolarme
ni podré morir de tedio
antes del alba.

¡Quiero ser todos los hombres para poder matarlos!

Antes que la esquiva luna
que persigo
deje de arder
su llama imprescindible.

Si duermo, si muero.
¿Qué importa?

¿Quién me dará la luna?
Si los hombres mueren
y no son felices...

LO QUE PERDURA

Somos lo que se pierde en lo que perdura.
La vida que tiene todas las edades y ninguna.
Lo que está terminando de nacer.
Hace milenios en este mismo instante.
Hay días que no tienen crepúsculo,
días tan perfectos
que duran toda la vida.

VOCACIÓN SECRETA

Mi alma,
que tanto ha luchado
por volver a ser tu alma,
ya no pertenece
ni siquiera al recuerdo.

Allí donde las piedras
del molino
detuvieron su marcha
fui atravesado
por un rayo de luz.

Y esa mañana
desperté nuevo
en su cantera.

Mi antigua vida
fue una piedra
triste y luminosa.

Recién tallado
ahora y sin memoria
vuelvo a la vida
como un Dios desconocido.

¡Esta vocación secreta que tengo por ser otro!

¿Dónde está la vida?

Que lo pequeño no muera
es imprescindible
a lo grande.

Una montaña
cabe en la gota de rocío
de un frágil pétalo.

Lo infinitamente
pequeño
contiene a lo
infinitamente
grande.

La vida no está
en sus dimensiones
sino en sus vínculos.

No está en la fuerza
sino en la docilidad
de lo flexible.

Nada es por entero,
todo es la otra parte.

Entre grandeza
y pequeñez está la vida,
escapando de todos
los sistemas de medidas.

Epitafio

Aquí yace el ausente.
El que hace tiempo salió
en busca de su vida.
El que amó y perdió sus años
desviviendo y fue sólo un intento.
Cada una de sus horas,
fue de amor por encontrar su origen.
Para acercarse tuvo que perderse.
Conocer sólo le sirvió para olvidar.
Si ha llegado al origen nadie lo sabe.
Tal vez su vida fuera esto:
la búsqueda de un lugar inocente,
de un sitio donde todo lo espera.
Sólo nos ha quedado su ausencia.

REMANSO VALERIO

I

Nosotros preguntamos
y los hombres son nuestras preguntas.

Cada vida, una pregunta.

Mientras dura la pregunta
vive el hombre que la habita.

El imposible lugar de todo hombre
es ser una pregunta.

Fuego que al arder
se hace lumbre interrogante.

II

El que halle su vida
será como nosotros
en un día como hoy
a esta hora,
que es cualquier hora.

En esta costa frente al gran remanso
que oculta y que libera las aguas
de las redes del mundo.

III

No sé quién soy...
quizás sea un pequeño punto y
un círculo dentro del gran río.

Imagen refleja e invertida,
donde corre la rueda de lo eterno.

IV

Los muertos del remanso ya se han ido,
sus tumbas de agua se abrieron hace tiempo.

Ni un grano de arena será infinito,
sin poder aniquilarse.

V

Babas del diablo en la cruz del espino.
En mi boca sus bocas olvidadas
en mis manos sus manos
de arena derramada.

VI

Este es mi templo,
resurrecciones que el tiempo no protegerá.

El poeta desaparece en su poesía
para ser vocablo vivo en otros hombres.

Lo que escribo escapa de esta hoja de papel,
la obra de este día será siempre obra inconclusa.
Envejecer, morir y perderse
entre las infinitas formas del olvido.

VII

La vida esculpe un rostro en cada uno.
Huella dactilar de aquel instante prodigioso
que más tarde es memoria irrefutable
de que hemos existido.

Que una vez fuimos ojos asombrados
que se abrieron al amor y la muerte.

En estas dos orillas donde las aguas
lastran los años y sus consecuencias.

Cada día que pasa algunos rostros
se parecen a su propia ausencia.

VIII

Cualquier tiempo fue mal tiempo
-decía Borges-.
Pero nuestra generación,
nació y vivió en tiempos de penuria.

Muchos resistimos las miserias de las tiranías
cuando las palabras se hicieron
amigas de la muerte y se sentía
el dolor constante de estar de pie
en este mundo y en el lugar del otro.

IX

¿Qué pasó con nosotros derivados
en anónimas ausencias?
¿Abrazados en un deseo insaciable
superior a todas las angustias?

X

Cuando la muerte se dejaba
sentir a cada instante
o en cada latido había un peligro.
¿Dónde estabas?
¿Tengo derecho a preguntarte dónde estabas?

XI

El tiempo
todo lo miente y lo desmiente,
te has hecho lábil y no te reconoces.

Todos tenemos un pasado
que es invención del pasado.
Y un deseo imposible por ser otros.
Aunque nadie es dos veces el mismo en una vida.
Se repite eternamente…

XII

Ya no tengo razones para explicar
esta terrible falta de razones.

XIII

Agua…

Corona de espinas del gran remanso.
Trozo de luz y tiempo en desnudez
cae sobre nosotros y desnúdanos el alma.

Ahora, que locos de miedo, buscamos la eternidad
de los perros hambrientos.

XIV

Estrecho mundo de insignificancias
que de durar mil años
siempre será el mismo.

¡Pobreza infinita de la imaginación!

Ese querer perpetuarnos como dioses
con almas de mendigo.

Sólo ha de perdurar
la entrega sin reservas
la anónima osadía.

Aun cuando esa entrega
fuera nada
dentro de su tiempo.

XV

Aun cuando los dueños de la historia
fueran los verdugos.
Porque los perversos
hijos de la loba-lupus-lumpen
alzaban sus trofeos
cuando el amor no tuvo asilo en las palabras.
Los asesinos de la palabra...

XVI

Aún habitan este mundo
de mentiras compartidas.

Fue por ellos,
que entre todos no pudimos construir
más que una historia de ilusiones muertas.

XVII

Indigencia humana ante los nobles propósitos.
Ahora es verano y lo que estaba cerrado
vuelve a abrirse.
El hombre tiene a la tierra por modelo,
decía Lao-Tsé.
Mientras las aguas abren camino
a un dios desconocido.

XVIII

El viejo mira el remanso en círculos de compasión
y evoca un tiempo que otros olvidaron.
Es que los hijos de esta tierra veneramos nuestros
muertos como si estuvieran presentes.
Quizás porque esa otra vida nos une y nos separa,
siempre habrá algo de ellos en nosotros.
Esa melancolía del río infinito en la mirada,
un tango en soledad bajo la cruz del sur
y todas nuestras precarias nociones de justicia.

En la línea del tiempo

En la línea del tiempo

Ningún rostro
está en el rostro,
ningún lugar es el lugar.

Ni el cero que es abierto
está en el cero.

Vivir es el estrecho
pasaje entre lo que fue
entrevisto
y lo que jamás
veremos.

Así es como siempre
nos queda la angustia
de ser el borde de algo más.

Como si sin llevarte
nada mío,
te llevaras mi mejor parte.

Por ejemplo,
es como si esta noche
ya hubiera estado escrita
en la línea de mis manos

o en las tuyas,
para evitar que se perdiera.

Tal vez,
todo haya pasado antes
o se consuma
dentro de su aparición.

Y los que fuimos
nos saluden
en viejas fotografías.

También
puede suceder
que el hilo secreto
que nos une
no se rompa nunca
en la línea del tiempo,
que la tierra
se abra nuevamente
o encuentre
su lugar el hombre.

Y pasemos
por donde nunca
nadie haya pasado.

Anima / animus

Desde hace siglos
todos los días
ella pasa a mi lado.

No sabe que su vida depende de mí.

No sabe que un día
no estaré más
cuando ella pase.

Nadie sabrá nunca
que el día que ella no esté
o no pase a mi lado
caeré al vacío.

Ambos caeremos al vacío.

Yo lo sé,
ella también lo sabe.

No es un secreto,
la importancia de estar en ese instante,
imaginando que somos verdaderos.

Después, cada cual va por su vida.
Sin importarle el resto.

APARICIONES

Tal vez la poesía
es quien me crea a mí
y no yo a ella.

Tal vez es ella
quien me invoca
y yo soy su aparición.

Ella,
es quien me deja
caer en las palabras
para que otros lo sepan
antes que se termine
la magia del encuentro
y yo desaparezca.

Así es como puedo soportar
el día siguiente:
sólo cuando la creación vence a la muerte.

De buena fe

Hay veces
que no hay palabras
para describir
una semilla
en su vuelo del aire.

Pero hay que vivir
como si todo fuera posible,
necesario y para siempre.

En caso contrario:
aprender a morir
a cada instante
o vivir como inmortales,
con la misma osadía.

Dibujando
el sol con palabras amadas
para ayudar a iluminar
la oscuridad de la creación.

Como si la vida entera
dependiera de nosotros:
y la vida depende de nosotros.

Sabemos que no es sólo
literatura lo que sucede en este mundo.

A nuestro lado se mata
o se salva la vida a cada instante.

Como en un parto rabioso y urgente
que nos llena de furia y de ternura
nacemos o morimos cada día
nacemos y morimos cada día.

LA EDAD

Ahora me buscan
sus rostros olvidados,
pájaros que arrasó
la tormenta.

Tiempo que das o quitas
con las mismas palabras
y mi amor que fue extinguiéndose.

Lazos de juventud
que ya no existen,
perdidos en algún
lugar de mi otra vida.

La casa del cuerpo
que espera la morada perdurable.

Riqueza
que tuve y me retuvo
y luego perdí
para encontrar al hombre.

¿Adónde vamos
por este sendero
tan estrecho

ahora que me ahoga
el cansancio de otro mar?
Años de furias y dolores
que fueron mi sostén.

Prueba de que el mundo es vasto e inexplicable.

Derivas,
aventuras e infortunios.

¡Qué pronto nos lava la tierra!

Vida, dame al fin
este último bien.
Dame esta calma
extrañada de sí misma.

Porque veloces
nos dispersamos
como las estrellas
o desaparecemos
como la lluvia
dentro de sí misma.

Babas del Diablo

Es un hilo mágico
es un tierno hilo de seda,
no lo cortes.

Con él se cortan
el árbol, los nidos,
y la casa del hombre.

La casa de la vida
con las babas del diablo
sosteniéndolo todo.

Tal vez,
hilos de seda
con formas humanas
y nunca más…

Acaso nosotros,
un infinito humano,
hilos unidos sin saber,
los unos con los otros.

Unidos
por un cordel de sedas,
en medio del abismo.

No lo cortes
que aún nos deja intactos
en el mundo.

No lo cortes nunca.

AMAR

Cada día
que amamos
no se olvida.

Se olvida cada día
que no hemos amado.

Uno se conoce
en lo que ama
y se desconoce
en lo que no ama.

Porque amar
es olvidarse en otro
para así reconocerse.

El arte de saber a tiempo

Morir es un arte
superior a la muerte.

Vivir es un arte
superior a la vida.

Amar es un arte
superior al amor.

Pero el mayor arte
es saberlo a tiempo.

EL VASO DE AGUA

El agua
es un trozo de cielo.
Seda clara,
débilmente azulada
de reflejos.

Dulcifica
los labios del sediento
y ardiente corazón humano.

Trayendo vida
de remotos manantiales
entre piedras y raíces,
donde vida y muerte
se anudan de resurrecciones.

Una aventura milenaria
hasta llegar a ser
el vaso de agua
que como un manantial cercano
te llevas a la boca.

Tras la tormenta

Tras la tormenta
caen exhaustos,
con su ser sin tiempo,
uno tras otro.

Son vida y muerte
a nuestro lado.

El silencio de los pájaros
es el silencio del mundo.

ECOLOGÍA HUMANA

El hombre
tiene todas las edades
y es un niño.

Su gracia
y su brutalidad
le vienen de la cuna.

A lo demás,
le pone límite el mar
como un lamento.

Hay quien lleva
en sus hombros
el niño que fue
toda su vida.

Nacer
es habitar
en mundos paralelos
y caminar juntos
por caminos contrarios.

Como si llegar a mí
fuera también

encontrarme en vos.

Todos somos parte
de una misma nada
enamorada.

Moradas

El tiempo
todo lo miente
y lo desmiente.

Nos abraza a la carne
pidiendo eternizarse.

Ahora sé
que en lo mortal
está lo eterno.

Admirado,
contemplo
lo efímero
en su juego.

En su trágica belleza
su constancia interminable.

Sonrío...
El tiempo es también
morada de lo eterno.

Canto del gallo

Amanece
junto al hombre,
a quien el poema
le pregunta asombrado
por su lugar en el mundo.
Mientras un gallo canta
la gloria del alba.

¡Alma de la palabra,
nunca me abandones!

Aniversario

Vi la caducidad
en las bellas manos
de mi madre.
Sus manos en el jardín
que hoy ya es sin límites.

Fui de la nada
un niño en ella
para después
intentar recuperarla
en la ilusión del tiempo.

Uno tiene todas las
edades y es un niño.

El amor
es un largo aprendizaje
que comenzó en sus brazos.

Después
nosotros somos ellos
cuando vamos llegando
a la niñez definitiva.

Esto es la creación:
un dedo señalando
el círculo del tiempo,
donde dar es recibir
sin condiciones.

El sentido y la pérdida

En el vocablo existe
un punto cero.
Un primigenio alfabeto
de silencio
que no nombra.
Sólo señala y calla.

Hay también un tiempo
donde el lenguaje
se cura de sí mismo
para renacer en contenido.

Uno también es parte
de esa ausencia.
De ese silencio mayor
que es el silencio
del mundo.

Hasta que la vida obliga
a ser curados de silencio
y salir al encuentro.

Donde todo es parte
de su nombre original:
el sentido y la pérdida.

Es entonces
cuando ese silencio
circular habla por nosotros
en la palabra poética.

EL APARECIDO

Anoche he soñado
con el desconocido
que lleva mi nombre.

En él podía confiar
en un laberinto
de dicha común.

Mi aparecido
es mi testigo eterno.

En estas ocasiones
somos uno en el otro.

-Llevo largas horas
mirándote- me dice
y le contesto
que no quiero perderme
en mi inocencia.

Así podré pasar
mil años mientras
apenas suceden
las palabras
como en una vuelta
dentro de la almohada.

El gran pez

Vi un pez
en lo profundo
del amanecer,
vi mis palabras
perderse
bajo el ala del sueño.
Y tan pronto desperté
lo primero que vi
fue la oscuridad.

Una negra herida
perdida en un cofre sumergido.

Herida que fui,
herida del tiempo
que se curva
como un pez
en lo profundo.

Siento la mano
de ese niño aún
jugando con su padre
en la misma visión.

En los ojos de un niño

el ser no tiene respuestas.

Así es como un día
me convertí en el sueño
de ese niño
y en lo más terrible
de la vida, vino a mí.

Desde entonces
he tropezado con él
como con una roca
de lágrimas.

¿Soy el niño
que se perdió
en el hombre
o ese niño
ahora reaparece
siendo la unidad
entre nosotros?

En el abismo

La humilde palabra levantándose del abismo,
la palabra que nos nombra
y define nuestra vida.
¿Cuáles son los cimientos
de ese templo?
Nombrar fue dado al hombre:
gobierno
libertad,
poema...
Todo comienza y finaliza
con el gobierno de las palabras.

Shuo Jen:
palabras vacuas en corazones vacíos.

¿Y cuál es el valor de la palabra que defenderemos?
Sinceritas: estar al lado de la palabra empeñada.

El ideograma chino representa más
de lo que las palabras pueden decir,
la figura humana,
boca abierta,
definición precisa
-la responsabilidad del poeta-.
La mismísima vida de la poesía depende de ello,

lo demanda.
Poesía: ese templo atendido por monjes poetas y
      maestros,
hacedores de cultura de donde nace toda práctica
      sagrada,
lo que consumado llamamos tradición.

El arte de vivir dentro de un poema,
ser su circulación,
su existencia esperanzada.

El jubileo es la poesía

A la memoria de Inés Castellanos

Los seres y las cosas
serán de nuevo ideas.

Se desvelarán
en su sentido pleno.

Se salvarán perecederos
en su misma muerte.

La Tierra es un pezón
que danza ebrio de vida.

Una llama atravesada
de sol en lo infinito.

Una semilla
creciendo
en el corazón
del universo.

¿Por qué a los ojos
de suprema claridad
se los traga la Tierra?

¿Por qué no perduras, alegría?

Junto las sombras amadas
y las sombras me hablan:
la miel está en la palabra miel.

Junto a cada cosa
existe una palabra
que la nombra.

Pensar, entonces,
es salvarnos como ideas
para hacernos nuevamente
vocablos perdurables.

Poetizar
es salvar las palabras
del polvo del olvido
en la gloria del lenguaje.

Allí donde el verbo
creó las palabras
iniciales,
después habitarán
todas las formas de la vida.

La Tierra
es un pezón que danza ebrio de vida,

eternamente.

Una llama
atravesada de infinito.
Una semilla de sol,
del logos original iluminada.

El corazón como medida de todas las cosas

Hojeo el cuaderno
de viaje ya amarillento
de tiempos
cuando todo era posible.
Nada está muerto
para siempre,
todo dormita,
algo se despierta
y enciende páginas envejecidas,
medio borrosas
y se convierten
en un bosquejo
en sepia,
en presente continuo.
Allí veo a mi amigo,
tempranamente muerto,
que asciende nuevamente
de la tierra.
Hermoso como un sol,
entonces, en la flor de su juventud,
con sus ojos negros como la noche
y su corazón henchido de poemas.
Lo dio todo: dio más
de lo que se puede dar sin recibir.

Veo su amarga sonrisa victoriosa,
su alma orgullosa
herida de infinito.
Pasó raudo
como un cometa
cuya masa
se desintegra
hecha de luz.
Aún lo contemplo,
con la convicción
que el tiempo
es algo que resiste
en la subjetividad extrema.
Ahora lo veo cruzar
la calle, donde se pierde,
erguido e imponente.
En un instante
somos luz y cada letra
una cifra olvidada
en el alfabeto
de la carne.
Antigua carne
donde brilló la alegría.
Venció sus miserias,
nos exigió más
de lo que podíamos dar
y desapareció
como un relámpago.

Así desapareceremos todos,
así también desaparecerá la tierra que hoy florece.
No hay consuelo
cuando el recuerdo
está hecho de sueños perdidos.
Hay momentos en que el corazón
es la medida de todas las cosas.

Alicia Benito

A su memoria

Ventanas
como caras humanas
se abren y brillan
por toda la casa.

Hay espejos y fotos
en las paredes.
Todo huele a alma,
a tomillos y mentas.

También hay mujeres
sentadas alrededor
de tu mesa y de tu cama.
Alguien te quitó
las alas cansadas.

Las paredes
se funden en recuerdos.

Mientras el espíritu
baila entre nubes
y cortinas
con alas de percalina.

En un suspiro
el múltiple tiempo
te elevará del mundo.

Queda para mí
ese envidiable perfume
de la huerta de los Benito
con arvejillas y clavelinas.

Somos niños aún
y en cada momento
se nace al universo.

Todo está volviendo
a ser de nuevo ahora.
Por cada hoja que cae,
otra crecerá.

Hay una vieja leyenda
que dice que el alma
viaja de vida en vida
de mundo en mundo.

Mas entre tus días
y los míos,
sólo permanece
el ulular de las cigarras
y el oro de las luciérnagas
de un verano interminable.

En el rostro humano

Me detengo en un rostro
y siento el peso de la vida
y de su historia.

Es mucho más
que esa máscara
que asoma interrogante
y me sorprende.

Surcos remotos
donde se agita la vida,
que sólo el tiempo
le dará contenido.

Allá va el niño que fuiste
de un lado a otro de tus horas
traspasando
el cristal de los días
que se persiguen.

Aún cuando no recuerdes,
él es quién te encuentra en sueños.

Somos una antropología,
un fantasmal encuentro de todos los que fuimos,

de los que fueron
antes con nosotros,
de los que aún están
y los que ya partieron.

Ese generoso interrogante
abre la historia
al instante
que pasa y perdura.

Allí donde el universo
parece detenerse humanizado
en el momento,
eso está dibujado
en el rostro humano.

La piel de Judas

No es el Tao de Lao-Tsé,
ni el Nirvana de Buda,
ni el agónico Otium de Séneca.

Ni lejos, Lo Neutro
que sedujo a Barthes.
No es el sueño
de dormir ni la ilusión
de amar,
ni el sensible instinto
de conservación.

Ni un melancólico yo,
hijo del placer o el displacer.
No es la muerte de todo
por la omisión de todo.

Ni menos el Spleen
de Baudelaire,
que destruyó todas las intenciones del asombro.

Lo que sucede es la
agonía de lo opuesto.
Esa furia cósmica
de lo que no tiene

sentido y deberá ser nada.

No es la espera sin tiempo
que ronda el universo
de los esperanzados
y los desesperados.

No es la muerte,
ni el ser para la muerte.
Ni ese ser sin ser
de la cómoda existencia.

No es este palpable
cansancio de las cosas
del que habla Pessoa,
tránsito de dolor,
al ver con claridad
la vida irreversible
partida en mil pedazos.

Es que hay un lamento infinito
que ronda la boca de los moribundos
aún sin gemidos.
Muertos en vida sin salida.

Ni los fantasmas de la guerra
que ves golpeando en la puerta de tu casa…

O en quienes buscan
en la anestesia
de las drogas, la evasión perfecta
de un todo que no tiene sentido
para desahogarse de la muerte y del sentido.

Cautivos todos en el triste ritual
de sacrificios que da la costumbre:
de levantarnos cada día
para ser los mismos custodios infelices
de una pequeña historia
que es un drama sin salida.

Ni en las vacaciones
en hermosas islas,
habrá consuelo.
Somos los dueños insolentes
de una incierta vida,
como si estuviésemos en otra parte
en la que nunca estamos.

Como si fuéramos sin saberlo
a pesar de todas las miserias,
algo importante.

En memoria de Eugène Ionesco

1

Vivimos
en esta casa estrecha
e interminable
donde abrimos
los mismos cajones
para no decir adiós
a nada.

Nos vemos
frente a frente
ante fotografías
descoloridas
y sonrientes
donde el tiempo
se detiene.

Aún nos sorprenden
las mismas personas
que ahora son otras
porque todos hemos envejecido.

No tiene mucha

importancia
porque igual
ya nadie se reconoce.

2

Seguimos el camino
de niños insaciables
que siempre
se quejan
tirando la pollera
de la madre social
con los mismos
deseos insatisfechos
de costumbre.
Mientras
la política y el mundo
nos adulan
con mentiras y falsos consentimientos.

Andamos
por nuevos caminos
para ser golpeados
por viejas heridas.

3

Con ese aire
de infancia muerta
en la mirada
vamos llegando
a viejos.

¡Te amamos tanto!
Nos dicen los amigos
como si llegáramos
a la meta.

También
nos abrazamos
cuando todo
se viste de luto.
¿Alguien pregunta
ahora por ese niño
que miraba la vida
desde un escaparate
con juguetes?

4

A mí no me crean.
Tanto leer
me ha vuelto irónico,
pero quiero que sepan
que yo nunca supe
cómo hay que vivir.

En cambio,
en todas las vidas
se abren botellas
de champagne
por la felicidad
de una familia unida.

Con bodas
y celebraciones
tapamos la boca
de los muertos.

¿Qué recuerdas,
pobre corazón?
¡Tú, que todo lo has perdido!

5

Así también,
descubrimos
lágrimas ocultas,
camino a la felicidad.

Golpeamos copas
con un previsible
chin chin…

Pero en la noche, entramos
en playas incómodas
donde hay incendios
y diluvios perdurables.
En sueños también bailamos,
reímos,
gemimos y lloramos
lágrimas auténticas.

6

Por la mañana
nos armamos de fuerza
y comenzamos
el día de las anónimas matanzas.

El sol nos encuentra
a la sombra del niño
que fuimos
una vez.
Nuestro problema
es ahora la pérdida
de un taxi
o del equipo de fútbol favorito.

Mientras hablamos fastidiosamente
de Kant
y el mundo como idea,
tenemos miedo
de que se nos escape
el perro.

Nos asusta más
la vida
que una guerra nuclear.
Así es
como somos ahora nosotros,

los de entonces:
jóvenes idealistas.
Ya somos como ellos.

¡Con el paso del tiempo todo es igualdad!

7

Nada cambia
en este mundo,
amigos.
Estamos de nuevo
en brazos de mamá
para seguir
tranquilos,
camino al cementerio.

¡Esto es un gran sueño, amigos!
Hemos sido estafados.

Pero a mí no me crean,
sigan participando.

Sólo un instante

Abre los ojos,
lo que vemos
es cierto como incierto.

La vida se resiste
a ser materia
y anda ingrávida
en puntas de pie
como un derviche.

Inmóvil movimiento
amor-amado.
Así nos mira la pluralidad
del agua en el río del tiempo.

Menuda flor
en la construcción del instante,
perfume que retrocedes
a la sabia y de allí a la semilla.

Grávida oruga
en el malestar de la muda.
De un abismo a otro
vamos conociéndonos.

Para que haya mundo
tiene que haber un contra mundo.
Así imagino
al ver cada mitad enamorada.

¡Contempla
cómo todo se angosta
de unidad en la noche sagrada!

Lo que vemos es un despliegue
de lo que ya fue
y se hizo de efímeras partidas.

No nos damos cuenta
y somos esa vieja fotografía.

El último parto

Ahora
que te ahoga el último parto,
no pierdas la fe.
No es menos terrible
este instante
que la vida entera.
Toma al niño que fuiste,
quien te dio las palabras
iniciales
en la luz estremecida
de tu carne,
y apaga con él
las últimas estrellas.
Nadie es valiente
ante el dolor.
Todos tenemos miedos
o deudas de amor
que creímos muertas.
La luna se hace astillas
sin perderse
en las aguas del gran río.
En la noche del dolor
siempre somos invisibles.
En un instante
todo lo olvidamos

y en ese mismo instante
todo nos olvida.
Nuestra pequeñez
es tan ilimitada
como nuestra grandeza,
por eso
todo lo deseamos
como inmortales
y todo lo tenemos
como mortales.

El resguardo del tiempo

Si no fuéramos uno
o varios que se miran,
se asombran,
se turnan,
se relevan,
se completan,
como una figura
inacabada,
no seríamos nada
para nadie.
Siempre he tenido
la dramática impresión
de que algunos amigos
antes de morir
estaban a punto
de decirme
algo importante
que se fue con ellos.
Sin embargo,
hace por lo menos
sesenta años,
escucho el canto
de un gallo
que está muerto,
pero aún lo oigo

cantar en el patio
de mi infancia.
Hay cosas que
no tienen existencia,
sólo tienen una parte
del asombroso tiempo
que las salva
y las hace perdurables.

La terrible falta de razones

Tuve amores
tuve guerras.
No soy un pájaro
o una nube,
soy sólo un hombre
que en sueños
degolló a una paloma.

Mis uñas crecieron,
mis labios se hincharon.
Ahora junto a un ciprés
he desplegado mis velas.

Me arrodillo en secreto
ante la desolación
donde tal vez Jesús
se arrodilló una vez.

Mi vida es sólo un trozo de tierra interrogante.

Sé todo lo que se puede
saber del ser humano.
¿Será por lo que hice
o por lo qué no hice?

¿Por el camino
que elegí o por sus extrañas bifurcaciones?

Sé también,
que quien no se arrodilla
ante nada
resulta incapaz de llevar
su propia carga.

¿Esta es la medida
de todas las cosas?
¿Es esta la tragedia
que atraviesa mis días?

Cada uno se descubre
en las lágrimas de otros.
Pero ya no tengo razones
para entender
esta terrible falta de razones.

La vida es hoy
el incendio de mi especie.
Es sufrir el desamparo
de toda humanidad.

La otra vía

Si ves pasar mi recuerdo,
si en la alta noche
ves pasar mi recuerdo
en la ventana luminosa
de un silencioso tren,
no te inquietes
en despertarme.

Todo es vano
si pretendiéramos
volver a donde partimos.
Algo se llevó
nuestro tiempo.

Un otro ser
en el que ya no podíamos
vivir y es el pasado.

Recuerda
que a muchos
en su pico
ninguna paloma
trajo la respuesta.

Calla o duerme

que si despiertas,
serás el otro,
una pura construcción conjetural
que pasó veloz por la otra vía.

ETERNAS TRANSFORMACIONES

Antes
de ser complejas
partículas de carbono
este hombre,
que ahora
se sienta calmo
en el banco de piedra,
también fue parte
de la oscuridad
de la creación.

Cumplió su ciclo
en la migración
del universo.

Y creció
desde adentro
como una galaxia
consciente
de sí misma.

Creció
como un violín
que madura

árbol adentro.

Ya que cada árbol
tiene un violín adentro,
dice Óscar Hanh.

Ahora consciente,
nos trae del largo viaje
un hombre nuevo.

Sentado otra vez
en el banco de piedra.

Pero su cambio
es parte de la compleja
mutación del universo
camino a la consciencia.

El tiempo de los pájaros

Pasa la vida
poniendo óxido
en las sonrisas
de las fotografías.
En cambio los pájaros
viven a nuestro lado
en un eterno presente.
Ellos transforman el cielo
en árbol y la semilla en pan.
No acaba la romanza
en los confines de su morada terrestre.
Cruzan ávidos el cielo.
Un cielo que es destino
y debe cumplirse.
La luna de los pájaros
es el día menguante.
Nacerán cantos
en la luna nueva y romperán la roca de su piel
ovalada desde adentro.
Del rápido latido de un corazón que en ellos pesa,
serán sus aladas travesías o invisibles ausencias.
En los dorados trigales
de mi infancia,
los pájaros vuelan aún
en polvorientos caminos.

Pasan y pasan sin cesar.
Vuelan ahora
adentro de mi vida.
Su majestuoso tiempo
es un cielo de eterno presente.

PERMANENCIA DEL ASOMBRO

Es tarde para explicar nuestra niñez,
un libro abierto
en la línea del tiempo.

Donde todo se cumple
pero de otra manera.

¿Cuál es nuestra secreta dinastía y cuál nuestro legado?

¿Qué voces vinimos a escuchar?

Todos escuchan voces
pero nosotros sólo escuchamos
la voz de nuestra vida.

El tiempo que humedece
el pan como la carne.

En lento acuerdo
con las horas
dejamos un ojo abierto
para mirar el cielo,
el otro lo dimos
a la tierra.

Semillas encarnadas
vimos la muerte
en los retratos
y nos abrazamos
a lo que estaba perdido.

Así hemos vivido
los unos en los otros
toda la vida.

Tu casa sigue allí
entre las enormes piedras donde Luz
me enseñó a encontrar violetas
en el oscuro cauce
del arroyo.

Somos dos tallos
del viejo manzano
que aún da sus frutos entrado el otoño.

Clara la mirada guardiana
de la inocencia.
Aún nos queda el asombro.

Tardes con mi padre

He nadado esta tarde
hasta cansarme con el sol en la frente.

Es el verano de mil novecientos setenta y dos,
mi nombre es José Berenguer,
ya he muerto.
Mi hijo me trae aquí con él
a nadar en lo profundo
donde me gustaba tanto.

Los dos hemos tomado vino blanco,
cercanos al cielo
como los ángeles.

No se asusten,
él escribe y habla conmigo
a solas,
como yo lo hacía
también con mi padre Fernando.

La vida es un suspiro
que ya nos ha sucedido antes.
Vivimos y morimos
entre las sonrisas
y las lágrimas del mundo,

aquí, en estas vastedades,
lejanos y distantes.

Es la hora
en que debo irme,
la hora de morir en este instante
o vivir eternamente
y quedarme.

Allá va mi hijo Héctor,
totalmente integrado con la vida,
debo dejarlo
o puede ahogarse en su extravío,
que algunos llaman éxtasis.

Estamos unidos al universo desde siempre.

Me sorprende y me encuentra
entre los arenales
y las aguas del viejo Puntazo.

No sé por qué,
si yo estoy muerto,
pero de chico se puso a escribir ensimismado
y no pude evitarlo.

Después,
creo que se hizo vidente
y ahora la vida y la muerte

se le anudan.
Creo que no está loco,
sólo es un asunto de familia.

Nos olvidamos de quiénes fuimos y de todo lo vivido
y volvemos a encontrarnos
en medio de las aguas
en algunas tardes de verano.

Maravillosa reconstrucción de una tarde

Así pesen los años,
la tarde en que has sido feliz
será para siempre.

La infancia crece de golpe
desde el patio de la escuela.
Para poder construirla
tenemos que volver,
rasgar la porcelana
de la tarde
con silbidos de golondrinas
y miles de mariposas.

Alguien debe poner
su oído sobre la tierra,
hablaremos
en voz baja
para no despertar
a los muertos.

Del otro lado está la casa
abandonada repleta
de espíritus
y alguno podría reconocernos.

Dentro de la gran película,
vendrá también José
con su linterna mágica
y abrirá el río
a la luz
del cine Mendoza
y una barcaza cruzará
la tarde
para que pase el sol
y convierta en púrpura las aguas.

Mientras el atardecer
lía y deslía el río del tiempo.

Así venimos
y así nos vamos
susurrando de tan lejos
entre héroes y monstruos.
Todos mitad verdad
y la otra mitad,
el sueño de ser otros.

Sin entender mucho
rompimos los relojes
para quedarnos
un poco más,
engañando al tiempo
y volver más tarde
antes de que nos cierren

el colegio y se termine
de improviso la función.

Así es como siempre
que venimos de la felicidad,
como de una película,
inventamos tardes
de verano interminables
para demorarnos
y que no venga la noche.

A UN COSTADO DEL CAMINO

Hay pequeños duendes
por donde entras
y sales de tus sueños.

También eres el llanto
del niño que fuiste,
quien te conoce tanto.

Él baja en la noche
por tus sueños
y te cuenta historias
en esa habitación
donde nadie entra.

Allí eres una golondrina,
un pez o aquel ramo de rosas que nunca tendrá precio.

Tu balcón está mirando al vacío.

Construyes tu propia marea
en una ciudadela subterránea
donde más tarde entrarán tus muertos.

Somos esa historia
que alguien nos cuenta

donde los sueños
reúnen a la gran familia
como el mar a sus guijarros.

Donde soñamos también con existir antes de la
propia   muerte.

Ya fuimos una narrativa hecha en el apuro del
      camino.

Después
se anudan las grandes historias de la vida en tardes
      de verano.

Los pequeños insectos de luz
juegan en la lumbre
de una farola que dormita.

Allí es por donde miras
tu propio destino.

Escribir para una huella en el agua

Para el rastro
del pez,
para la huella
del remo,
para que me aleje
de todo lo sabido.

Para que el tiempo
me escape del tiempo y
hecho de agua
me vea despertar
en la hondura
del perturbador silencio.

He vivido
para ser la sombra del ala
de un pájaro en vuelo.

Está escrito
sobre el agua:
para tus ojos recién lavados
con la luz de la aurora,

antes de que sea demasiado tarde.
Después
ya serán tu mirada.

Ya cifra
en la vastedad
de las miradas,
más tarde
tendremos
que perdernos
en otras formas
y números,
como todo se pierde.

Pero antes quiero
que las cosas
tengan esa luz primera.

Escribir ahora
que todo se está formando
y no puedo imaginarlo.

Escribo para vos,
para la luz de tus ojos
antes del alba.

Escribir sólo
para una huella en el agua.

ACERCA DEL AUTOR

Héctor Berenguer nació en la ciudad de Rosario (Santa Fe - Argentina) en 1948. Es poeta, ensayista y se ha desempeñado también como gestor cultural. Como poeta y ensayista, ha participado de múltiples antologías poéticas y festivales de poesía, tanto nacionales como internacionales, ha publicado una serie de poemarios que en el presente libro se compilan y ha recibido, además, el Premio de Honor de la Fundación Argentina para la Poesía en 2020. Como gestor cultural, ha coordinado un Ciclo de Poesía en el Teatro El Círculo de Rosario durante más de veinte años.

ÍNDICE

EN LA LÍNEA DEL TIEMPO. POESÍA REUNIDA (2001-2024)

Prólogo · 11
Sobre la presente edición · 21

Marcas de agua
Marcas de agua · 27
Alas sobre cadenas · 28
Con los días contados · 29
Deo gratias · 30
Informe para un lobo · 31
Todo lo que es es lo opuesto · 32
Reunión · 34
Mutaciones · 35
El padre · 36
El hijo · 37
Aeque animo · 38
Eterno retorno · 39
Mirada poética · 40
Vera effigies · 41
Cara a cara · 42
Sinaí · 43
Claroscuro · 44
Sueños · 45
Mercaderes de apocalipsis · 47
Federico en Silz – María · 49

Memoria en Duermevela · 51
Grillos de la China · 52
Fugacidad · 53
Los desterrados · 54

Tinta china

Círculo de cielo · 59
Amanecer · 60
Silencio · 61
Camino a Teh Chi · 62
Recordando a Thi Ho · 63
Maravilloso torrente Wu · 64
Camino público · 65
Primavera · 66
Invierno · 67
Serenidad · 68
A un viejo monje · 69
El monte azul · 70
Partida · 71
Sendero otoñal · 72
Un círculo en la seda · 73
Canción antigua del Yang-Tzé · 74
Alas de mariposa · 76
El exilio de dos jóvenes poetas · 77
Otoño · 80
Pasamos · 81
Junto a los crisantemos · 83
Loleh · 84

Regreso a la contemplación · 85

Entre la nada y el asombro
Resurrecciones · 91
Pequeña palabra · 92
Lo inefable · 93
Historia de un día · 94
Por un Instante · 95
La inocencia · 96
El espejo · 97
Incierto · 98
Epifanía · 99
Lluvia adentro · 100
La gaviota · 101
En otra parte · 102
A Carlos S. in memoriam · 103
Traición de los espejos · 104
El grillo en la cocina · 105
Ánima bendita · 106
Despedida · 107
Poema · 109
Doble alma · 110
Un hombre acabado · 111
Allí está el hombre · 112
Dos amigos · 113
Darwiniana · 114
El antepasado · 115
El dios desconocido · 116

Cicatrices · 117
Palabras con la muerte · 118
Habla la arcilla · 120
Sueño hindú · 121
La muerte de Buda · 123
Solsticio · 124
Ausencia · 125
Lo inestable · 126
Mañana de octubre · 127
Juventud · 128
Lamento · 129
Lluvia · 130
Visión · 131
Advenimiento del poema · 132
Un lugar fuera de todo · 133
Transformación · 134
El legado · 135
El último Proust · 136
Miradas · 137
Barcelona revisitada · 138
Ilusión · 140
La partida · 141

La casa de arena

Retrato de familia en el jardín · 147
A Don Domanski · 148
Borramiento · 149
Somos la suma de todo lo que fuimos · 150

A la Memoria de Wan Wei (699-759) · 151
El retorno de F. Nietzsche · 152
Hospital español · 153
Inventario de viaje · 155
La casa de arena · 156
La simiente que perece · 157
Manuela · 159
Melancolía de un día perfecto · 161
Octubre · 163
Pensar en Lao-Tsé · 154
Sobre la antigua lumbre · 165

Caleidoscopio
El poeta · 171
Poesía · 172
La poesía tiene alas · 173
On the road · 174
Chet Baker · 176
Vivirás · 178
Un día como hoy · 180
Concierto de verano · 182
La Belleza · 184
Parque de los sueños · 186
Monólogo con Pessoa · 188
Friedrich Nietzsche · 189
Dolores · 191
Manual de asombros para mirar los árboles · 193
Vuelo de polilla · 194

Apertura hacia el vocablo · 195
Perfumes del agua · 196
Alba · 198
Dice el hombre… · 200
Antropología · 201
La musa infiel · 202
Pensamientos de Arthur Rimbaud · 204
Ruinas · 207
El vocablo · 208
Amor · 210
Pájaro · 211
Enunciación de ausencias · 212
Soy amado por lo que odio
y odiado por lo que amo… · 213
¿Quién en la noche del mundo…? · 214
Carta · 215
Enunciación de las posibilidades
de una mañana · 217
Tía Doris · 219
Después de una lectura
de Emmanuel Levinas · 221
Mi hermano · 223
Fragilidad · 224
El tiempo perdido · 225
En memoria de mis padres José Berenguer
y María Yensina · 227
Carta para Michela · 228
Niño de la luna · 229

La casa de los ecos · 230
La crucifixión rosada · 232
En El Pireo · 233
La Historia · 234
Oblivion · 235
Mañana · 238
En memoria de Mariana Wenger · 240
Fotografía · 241
Conciencia · 243
"El amor es el soplo de un dios"
William Blake · 244
Mirada poética · 246
Giardino · 247
Interrogantes · 248
Déjate morir no te resistas · 249
Presagios de Calígula · 251
Lo que perdura · 253
Vocación secreta · 254
¿Dónde está la vida? · 255
Epitafio · 257

Remanso Valerio
I · 263
II · 264
III · 265
IV · 266
V · 267
VI · 268

VII · 269
VIII · 270
IX · 271
X · 272
XI · 273
XII · 274
XIII · 275
XIV · 276
XV · 277
XVI · 278
XVII · 279
XVIII · 280

En la línea del tiempo
En la línea del tiempo · 285
Anima / animus · 287
Apariciones · 288
De buena fe · 289
La edad · 291
Babas del Diablo · 293
Amar · 295
El arte de saber a tiempo · 296
El vaso de agua · 297
Tras la tormenta · 298
Ecología humana · 299
Moradas · 301
Canto del gallo · 302
Aniversario · 303

El sentido y la pérdida · 305
El aparecido · 307
El gran pez · 308
En el abismo · 310
El jubileo es la poesía · 312
El corazón como medida de todas las cosas · 315
Alicia Benito · 318
En el rostro humano · 320
La piel de Judas · 322
En memoria de Eugène Ionesco · 325
Sólo un instante · 334
El último parto · 336
El resguardo del tiempo · 338
La terrible falta de razones · 340
La otra vía · 342
Eternas transformaciones · 334
El tiempo de los pájaros · 346
Permanencia del asombro · 348
Tardes con mi padre · 350
Maravillosa reconstrucción de una tarde · 353
A un costado del camino · 356
Escribir para una huella en el agua · 358

Acerca del autor · 363

STONE OF MADNESS COLLECTION
COLECCIÓN PIEDRA DE LA LOCURA
Personal Anthologies
(Homage to Alejandra Pizarnik)

1
Colección Particular
Juan Carlos Olivas (Costa Rica)

2
Kafka en la aldea de la hipnosis
Javier Alvarado (Panamá)

3
Memoria incendiada
Homero Carvalho Oliva (Bolivia)

4
Ritual de la memoria
Waldo Leyva (Cuba)

5
Poemas del reencuentro
Julieta Dobles (Costa Rica)

6
El fuego azul de los inviernos
Xavier Oquendo Troncoso (Ecuador)

7
Hipótesis del sueño
Miguel Falquez Certain (Colombia)

8
Una brisa, una vez
Ricardo Yáñez (México)

9
Sumario de los ciegos
Francisco Trejo (México)

10
A cada bosque sus hojas al viento
Hugo Mujica (Argentina)

11
Espuma rota
María Palitachi a.k.a. Farazdel (Dominican Rep.)

12
Poemas selectos / Selected Poems
Óscar Hahn (Chile)

13
Los caballos del miedo / The Horses of Fear
Enrique Solinas (Argentina)

14
Del susurro al rugido
Manuel Adrián López (Cuba)

15
Los muslos sobre la grama
Miguel Ángel Zapata (Perú)

16
El árbol es un pueblo con alas
Omar Ortiz (Colombia)

17
Demasiado cristal para esta piedra
Rafael Soler (España)

18
Sobre la tierra
Carmen Nozal (España/México)

19
Trofeos de caza
Alfredo Pérez Alencart (Perú/España)

Collections

Poetry

ADJOINING WALL
PARED CONTIGUA
Spaniard Poetry
Homage to María Victoria Atencia (Spain)

BARRACKS
CUARTEL
Awards Winning Works
Homage to Clemencia Tariffa (Colombia)

CROSSING WATERS
CRUZANDO EL AGUA
Poetry in Translation (English to Spanish)
Homage to Sylvia Plath (United States)

DREAM EVE
VÍSPERA DEL SUEÑO
Hispanic American Poetry in USA
Homage to Aida Cartagena Portalatín (Dominican Republic)

FEVERISH MEMORY
MEMORIA DE LA FIEBRE
Feminist Poetry
Homage to Carilda Oliver Labra (Cuba)

FIRE'S JOURNEY
TRÁNSITO DE FUEGO
Central American and Mexican Poetry
Homage to Eunice Odio (Costa Rica)

INTO MY GARDEN
English Poetry
Homage to Emily Dickinson (United States)

LIPS ON FIRE
LABIOS EN LLAMAS
Opera Prima
Homage to Lydia Dávila (Ecuador)

LIVE FIRE
VIVO FUEGO
Essential Ibero American Poetry
Homage to Concha Urquiza (Mexico)

REVERSE KINGDOM
REINO DEL REVÉS
Children's Poetry
Homage to María Elena Walsh (Argentina)

Children's Literature

KNITTING THE ROUND
TEJER LA RONDA
Homage to Victoria Ocampo (Chile)

Fiction

INCENDIARY
INCENDIARIO
Homage to Beatriz Guido (Argentina)

Drama

MOVING
MUDANZA
Homage to Elena Garro (México)

Essay

SOUTH
SUR
Homage to Victoria Ocampo (Argentina)

Non Fiction

BREAK-UP
DESARTICULACIONES
Homage to Silvia Molloy (Argentina)

Para los que piensan, como Octavio Paz, que la "poesía es la unión de dos palabras que uno nunca supuso que pudieran juntarse", este libro se terminó de imprimir en el mes de mayo de 2025 en los Estados Unidos de América.

www.ingramcontent.com/pod-product-compliance
Lightning Source LLC
Chambersburg PA
CBHW020218170426
43201CB00007B/246